Kohlhammer

Die Autorin

Angelika Reich ist Kinder- und Jugendlichenpsychotherapeutin, ausgebildete Trauma- und EMDR-Therapeutin und Supervisorin in eigener Praxis. Sie bietet Fortbildungen u. a. zu den Themen »Einstieg in die Traumatherapie« und »Kreative Traumatherapie« an.

Angelika Reich

Kreative Traumatherapie mit Kindern und Jugendlichen

Übungen zur Verarbeitung von Belastungen und zur Ressourcenaktivierung

Verlag W. Kohlhammer

Pharmakologische Daten verändern sich ständig. Verlag und Autoren tragen dafür Sorge, dass alle gemachten Angaben dem derzeitigen Wissensstand entsprechen. Eine Haftung hierfür kann jedoch nicht übernommen werden. Es empfiehlt sich, die Angaben anhand des Beipackzettels und der entsprechenden Fachinformationen zu überprüfen. Aufgrund der Auswahl häufig angewendeter Arzneimittel besteht kein Anspruch auf Vollständigkeit.

1. Auflage 2022

Alle Rechte vorbehalten
© W. Kohlhammer GmbH, Stuttgart
Gesamtherstellung: W. Kohlhammer GmbH, Stuttgart

Print:
ISBN 978-3-17-041859-2

E-Book-Formate:
pdf: ISBN 978-3-17-041860-8
epub: ISBN 978-3-17-041861-5

Geleitwort

Angelika Reich ist mir seit zehn Jahren aus unterschiedlichen Kontexten bekannt. Es ist mir eine große Freude, diesem kleinen, aber feinen Kompendium kreativer und nützlicher Handreichungen für traumaorientierte Kinder- und Jugendlichenpsychotherapeutinnen ein Vorwort schreiben zu dürfen. Das Besondere dieser Schmuckstücke für die therapeutische Arbeit mit traumatisierten Kindern und Jugendlichen liegt darin, dass sie ganz aus der persönlichen Erfahrung der Autorin kommen und ihre Quelle in ihrem humanistischen Menschenbild und ihrer langjährigen Erfahrung haben, in einer reifen Verbindung mit nicht zu stillender Neugierde nach immer wieder neuem Verstehen und einem großen Herzen und spontaner Liebe zu diesen so beeinträchtigten Kinder und Jugendlichen.

Das macht dieses Buch nicht nur zu einem hilfreichen Werkstattkoffer, sondern darüber hinaus zu einer Gelegenheit, sich von Angelika Reichs Freude an ihrer Arbeit berühren zu lassen und den eigenen Blick auf diese Kinder und Jugendlichen aufzufrischen und zu erweitern.

Offenburg, im März 2021
Thomas Hensel

Inhalt

Dank

Dieses Buch ist meiner Tochter Anna gewidmet. Du trägst das Licht weiter!

Herzlichen Dank an Kathrin Kastl, Fabio Freiberg und Florian Rotberg vom Kohlhammer Verlag für die kreative und humorvolle Zusammenarbeit.
Für Beate, Christiane und Esther, Ina, Katharina, Monika, Dieter, Guido, Klaus, Ulrich, Walter: Danke für jahrelange Freundschaft und gute Zeiten.
Für Thomas Hensel, von dem ich so viel gelernt habe. Du bist mit Deiner inneren und äußeren Großzügigkeit, Deinem Können, Deiner großen Freundlichkeit ein besonderer Mensch für mich.
Danke an Hannah, Lilly, Selma und Pascal für das Zurverfügungstellen von Texten und Bildern.
Und mein großer Dank gilt allen meinen Therapiekindern und -jugendlichen:
Ihr macht meine Tage reicher!

Einleitung

Ihr, die ihr in dieser Welt wandelt,
stimmt weiter eure Gesänge an, zieht weiter eure Runden.
Ich bin da, in der Stille und im Schatten
und ich bete, dass euch, solltet ihr inmitten des Getöses
und Getümmels einmal stürzen,
eine Hand gereicht wird, sanft und stark,
eine freundschaftliche Hand, die euch ergreift und wieder
aufrichtet
und euch, ohne zu verurteilen, aufs Neue in den Strudel
des Lebens entlässt,
wo ihr weiter tanzen werdet.
Gebet einer Schwester der Ordensgemeinschaft Töchter
vom heiligen Kreuz
Anonym, 19. Jahrhundert

Ich bin Kinder- und Jugendlichentherapeutin, ausgebildete Traumatherapeutin und Supervisorin. In meiner Praxis beschäftige ich mich in fast jeder Stunde mit der Verarbeitung belastender, traumatischer Erlebnisse von Kindern und Jugendlichen. Bisher fällt mir diese Arbeit überhaupt nicht schwer – im Gegenteil – je länger ich damit arbeite und je mehr sich diese Arbeit weiterentwickelt, desto leichter fällt sie mir, desto mehr Spaß macht sie. Es ist ein sehr bewegendes Gefühl, wenn sich Belastungen und Traumatisierungen auflösen und man zusehen kann, wie Entwicklung wieder stattfindet. Dieses Buch ist geprägt von meiner derzeitigen persönlichen Entwicklung, die sich in meiner therapeutischen Arbeit spiegelt.

Spontan fragte ich K., ein neunjähriges Mädchen, am Ende einer etwas schwereren Therapiestunde, was ein »Weiser« ihr heute vielleicht mit auf den Weg geben würde? Sie wusste es. Sie sagte:

»Er würde sagen, dass mein Herz wieder ganz ist.« Das hat mich sehr berührt, diese große innere Kraft, die Kinder und Jugendliche haben, der Mut, der Wille, die Weisheit und das Herz, zu heilen. Ihre Antwort hat mich dazu bewogen, diese Frage häufiger zu stellen und es kamen wundervolle, kluge und heilsame Antworten von den Kindern und Jugendlichen in meiner Praxis.

Eines Nachts, im Dezember 2020, nach einem schönen Abend mit meiner besten Freundin (und mein Enkelkind war gerade geboren), habe ich noch eine ganze Weile nachgedacht. Ich hatte meiner Freundin auch ein wenig von den Therapien erzählt, wie viel Spaß ich auch oft, neben den schweren Themen, habe. Unter anderem gab ich die Geschichte »Taxi bitte« wieder (▶ Kap. 3.2, Übung 12). In dieser Nacht dachte ich an die vielen kleinen Übungen und Ideen, die ich in den letzten Jahren entwickelt habe, oftmals spontan, direkt in der Stunde mit einem Kind oder beim Laufen durch den Wald.

Leichtigkeit und Einfachheit sind mir dabei wichtig, nicht zu versinken im (therapeutischen) Alltag, im Sumpf der Erfahrungen, die viele Kinder machen, in Trauer und Wut. Ich arbeite immer so, dass ich, wenn ich mit einem Kind nicht »weiterkomme« in der Therapie, mich hinsetze und mir überlege: »Was braucht *dieses* Kind wirklich, tatsächlich, unabhängig davon, ob *ich* es ihm geben kann, ob es überhaupt möglich ist, seine Situation positiv zu verändern?« Ich versuche dann, ganz ehrlich zu sein, auch mit mir. Wenn ich dann »erfahre«, dass ein Kind etwas braucht, was ich noch nicht geben kann, versuche ich, es mir anzueignen.

Das ist mein eigener therapeutischer Anspruch und ich finde, Kinder und Jugendliche haben es verdient: das Beste zu geben! Ich dachte, es wäre schade, wenn die kleinen Übungen, die ich entwickelt habe, einfach »weg« sind, wenn ich nicht mehr in meiner Praxis bin. Also habe ich beschlossen, sie aufzuschreiben, gerade, weil sie so viel Spaß machen und so gewinnbringend sind. Meine Hoffnung ist, dass sie manches Kind durch eine schwere Zeit getragen haben und sie vielleicht später eine Erinnerung daran haben werden. Denn wir wissen ja um die Bedeutung guter Erinnerungen, zwischenmenschlicher, das Herz berührender Begegnungen, die das »Herz ganz machen« und uns ganz halten.

Ein Gutachter schrieb mir einmal, ich solle bei den Methoden bleiben, die ich in meiner Ausbildung gelernt habe. Nun, das sehe ich anders: wenn es so wäre, hätten wir noch nicht einmal das Rad erfunden. Wir alle wollen uns weiter entwickeln, jede Sache soll sich weiterentwickeln! Arbeit kann dann in schweren Zeiten auch eine Oase sein für mich, wo alles fließt, gute Begegnungen, Wachstum und Freude sind.

Dieses kleine Buch handelt also von 23 Übungen, die ich entwickelt habe und die auch in fast jeder Therapie Anwendung finden, mal mehr, mal weniger, möglichst stressfrei! Und es handelt von meinen therapeutischen Ideen und Gedanken, meiner Herangehensweise, wie ich seit Jahren arbeite. Vielleicht bietet das Lesen dieses kleinen Buches neue Anregung oder den Mut, sich mehr auf die Arbeit bzw. das Verarbeiten von Belastungen und Traumatisierungen einzulassen.

Das wäre mein Wunsch!

1

Wie man mit diesem Buch und den Übungen umgehen kann

Maria aber behielt alle diese Worte und bewegte sie in ihrem Herzen.
Weihnachtsgeschichte Lukas 2,1-20

Dieses Buch ist kein wissenschaftliches Werk und soll auch keines sein. Ich lege keinen Wert auf Vollständigkeit – die gibt es ja auch gar nicht! Zum Lesen und Verstehen dieses kleinen Buches ist es egal, wo Sie anfangen, Sie können es irgendwo aufschlagen, sich inspirieren lassen, beginnen. – Keine Angst vor Nebenwirkungen!

In diesem Buch spreche ich der Einfachheit – und guten Lesbarkeit – halber nur von »Kindern«, obwohl natürlich Kinder, Jugendliche und junge Erwachsene gemeint sind. Mit dem Begriff

»TherapeutInnen« sind selbstverständlich männliche und weibliche Kollegen und Kolleginnen gemeint! Ich setze für dieses Buch grundlegende Kenntnisse über Traumatherapie und traumatherapeutische Methoden voraus. Hat man diese nicht, kann man das Buch trotzdem lesen – und sich anschließend fortbilden. Einige Übungen sind darauf angewiesen (»Münzenmethode«, ▶ Kap. 3.2, Übung 6), andere können auch so angewendet werden. Ich habe bewusst keine Altersangaben gemacht, denn jede TherapeutIn kennt ihre Kinder und kann selbst entscheiden, wann welche Übung sinnvoll sein könnte. Sie sind auch für Erwachsene geeignet, denn gefühlsmäßig unterscheiden sich Erwachsene nicht von Kindern: Freude ist Freude, Angst ist Angst, Liebeskummer ist Liebeskummer etc.

Die Übungen werden seit mindestens drei Jahren in meiner Arbeit angewendet und erprobt, verbessert (oder verworfen) und haben sich bewährt. Die meisten sind relativ einfach und schnell durchzuführen, manche etwas aufwändiger. Die hier beschriebenen Übungen dienen der Distanzierung von belastenden Themen, dem Abbau belastender Gefühle, einer vertieften Verarbeitung und dem Aufbau von Ressourcen. Die Reihenfolge, in der die Übungen in der Therapie angewendet werden, spielt keine große Rolle und sollte dem Kind und dem therapeutischen Prozess angepasst sein. Ich beginne beispielsweise relativ früh mit der Übung »Der Fluss« (▶ Kap. 3.3, Übung 18) und immer mit der »Inneren Farbe« (▶ Kap. 3.3, Übung 17).

Es kann hilfreich sein, zu Beginn einer Übung, und dann auch am Ende, den SUD (»Subjective Units of Discomfort Scale«/EMDR Standardprotokoll/Grad der Belastung [0=keine Belastung bis 10=maximale Belastung]) zu ermitteln.

Am Ende einer Therapiestunde frage ich auch gerne nach der »grünen Wiese« (▶ Kap. 3.1, Übung 1), was den »Fluss« jetzt stärken könne (▶ Kap. 3.3, Übung 18) und welches Bild, welches Gefühl, welche Situation das Kind gerne hierlassen möchte (▶ Kap. 31, Übung 4). Ich habe mir angewöhnt, zum Ende der Stunde immer die »Innere Farbe« (▶ Kap. 3.3, Übung 17) zu aktivieren.

Ziel jeder Therapiestunde ist für mich, dass ein Kind mit einer besseren Stimmung geht, erleichterter, froher, hoffnungsvoller, als es gekommen ist!

2

Wie ich arbeite

In Dir muss brennen, was Du in anderen entzünden willst.
Aurelius Augustinus

Hier möchte ich einige Ansätze meiner therapeutischen Arbeit und Herangehensweise vorstellen. Diese Herangehensweise hat sich in meiner Arbeit innerhalb der letzten Jahre so entwickelt und bewährt. Ich möchte keinen Anspruch auf die beste Herangehensweise erheben, es ist eben meine, mit der ich mich (zurzeit jedenfalls) wohl fühle. Eine allzu ausführliche Darstellung ist hier leider nicht möglich, ich hoffe aber, doch einen Eindruck vermitteln zu können!

Belastungen und Traumatisierungen sollten zunächst nach dem Prinzip der »Stressorbasierten Psychotherapie« (Hensel, 2017) mit Methoden der (sanften) Traumatherapie verarbeitet werden. Wie im Buch von Hensel beschrieben, sehe auch ich nicht verarbeitete Belastungen als Hauptverursacher inneren Stresses, der Entwicklung blockieren kann. Das müssen keine großen Traumata sein.

Wird ein Kind immer wieder geärgert oder abgewiesen, hat es immer Streit, haben sich die Eltern getrennt, hat es ein Geschwisterchen bekommen oder musste allein im Krankenhaus bleiben, hat es Ablehnung erfahren, Kritik, wurde nicht ernst genommen- all das kann, sofern nicht verarbeitet, das Leben schwer machen, destruktive Folgen haben, aus denen sich Symptome und Folgestörungen entwickeln können. Manchmal reicht eine einzige Bemerkung aus, um einen Entwicklungsbereich zu blockieren oder das Selbstwertgefühl zu minimieren, zu stören, zu schädigen.

Ich liebe einfache, schnelle, schonende, effektive Therapiemethoden wie EMDR, TRIMB oder meine Münzenmethode (▶ Kap. 3.2, Übung 6).

2.1 Die Bedeutung des therapeutischen Arbeitens für mich

Therapeutisch zu arbeiten bedeutet für mich, mein Herz immer offen zu haben.

Neben der Verbesserung meines eigenen Lebens arbeite ich auch permanent an der Verbesserung meiner Arbeit. Ich bin eigentlich nie fertig. Ich versuche, Arbeitsabläufe so zu strukturieren, dass entspanntes Arbeiten möglich ist, und lege Wert darauf, eine schöne Arbeitsatmosphäre zu schaffen, Pausen zu machen, nicht zu viel zu arbeiten. Meine Arbeit muss mit mir übereinstimmen – ich bin meine Arbeit.

Ich möchte in der Praxis, in den Therapien, in meiner Freizeit *ein* Mensch sein, bei dem sich alles aus einer Quelle speist. Meine Werte sind immer die gleichen, egal, wo auch immer ich bin. Ich sehe selten mehr nach rechts oder links – was andere machen. Das lenkt mich ab und kostet Energie. Ich stehe zu mir, zu meiner Arbeit, zu meinem Weg. Natürlich lasse ich mich aber trotzdem von den verschiedensten Dingen inspirieren.

Ich versuche, aus allem zu lernen: Wie ist es gut? Wie ist es gut für mich, für die anderen? Wie kann ich das umsetzen? Auch ich habe natürlich Therapieerfahrung, gute und nicht so gute. Auch das beziehe ich mit ein. Ich habe viel erlebt und kenne manchen Abgrund und deshalb gehe ich in der Therapie voran. Ich weiß, dass das Kind und ich, dass wir da durchkommen:

Immer warm, freundlich, humorvoll, respektvoll, leicht, hoffnungsmachend, auf der Seite des Kindes stehend und aus seiner Sicht heraus gesprochen, alles möglichst in jedem Wort. Das ist mein Wunsch!

Abends möchte ich mit einem guten Gefühl nach Hause gehen, bereichert durch viele kurze, echte Begegnungen. Jeder erlebt sie, diese guten Stunden, in denen es rund läuft, der Kreis sich schließt. Dann ist es gut, wie ein wunderschönes, sehr bewegendes Musikstück, wo sich zwei Stimmen umeinander weben und ohne ihr Zutun etwas Großartiges schaffen, und dann noch eine Begleitstimme, die das Ganze trägt.

2.2 Leichtigkeit und Tiefe

Leichtigkeit und Tiefe
...sind mir in der Therapie sehr wichtig!
Sie schließen einander nicht aus!
Leichtigkeit ist nicht Oberflächlichkeit!

Aber wie definiert man Tiefe eigentlich?
Wer darf Tiefe definieren?
Ich denke doch, jeder letztendlich nur für sich selbst!

Ich kann die Tiefe einer Verletzung spüren (ohne selbst darin zu versinken) und trotzdem mit einer Leichtigkeit »an die Arbeit gehen«, die zeigt:
Wir schaffen das! Ich habe keine Angst davor, deshalb musst Du auch keine Angst haben.
Wir packen das an, obwohl es schlimm ist und war. Ich weiß das!
Aber wir lassen uns davon nicht kleinkriegen. Wir kneifen nicht.

Wie kommt man zu dieser Tiefe?
Vielleicht bringt man sie ein Stück weit mit?
Ich denke, dass die Verarbeitung eigener Belastungen, der eigenen Geschichte hierfür wahrscheinlich notwendig ist.
Wenn mein Handeln, Denken, Fühlen, Verständnis, Mitleiden, Mitfühlen, Werten, meine Großzügigkeit sich aus meinen verarbeiteten Erfahrungen speist, wenn es nicht erlernt ist, sondern gefühlt.
Wenn nicht nachgedacht werden muss, sondern wenn es da ist, ist es authentisch, wird es auch von anderen gespürt.

Wichtig finde ich auch, einen wirklich achtsamen Umgang mit sich selbst zu finden und weg von allem Leistungsdruck und Perfektionismus zu kommen:

- Weich mit sich selbst zu sein. Sich verzeihen. Schweren Gefühlen nicht aus dem Wege gehen
- Erinnerungen zulassen
- Sich auf die Seite der eigenen Verletzungen stellen
- Kreative Heilungsmöglichkeiten finden
- Lesen, reden, Musik hören, in der Natur sein, allein sein, meditieren, achtsam sein
- sich verbinden, einen Glauben und eine eigene Form der Spiritualität entwickeln

Fragen Sie sich:

*   Wer versteht mich?
*   Wie muss man mit mir reden, damit ich mich verstanden fühle? Was darf man nicht sagen, welchen Tonfall mag ich nicht?
*   Mit wem teile ich meine tiefsten Gefühle und warum mit diesem Menschen?
*   Wie lässt sich das auf das Kind übertragen?

Wenn Sie mit einem Kind arbeiten, spüren Sie bei sich: »Wenn ich in dieser Situation wäre, es mir so gehen würde, ich mich so fühlen würde: was würde ich jetzt brauchen, was würde mir helfen, mich trösten, stärken, mir Mut machen?«

»Was sehe, spüre, höre ich selbst, wie geht es mir damit? Wie geht es dem Kind, das da vor mir sitzt? Wie wirkt das, was ich zu ihm sage?«
»Fühlt es sich verstanden, obwohl es nicht viel erklären muss?«
»Reicht ein Begriff und Sie spüren, wissen, wie es sich wohl fühlt?«
»Hat es das Gefühl, wenigstens eine Person auf seiner Seite zu haben?«
Dies ist ein permanentes schnelles Wechselspiel.
An der Reaktion des Kindes merke ich, ob ich richtig liege.

2.3 Therapeutischer Ablauf

Ich lade bis zum Alter von ca. 14 Jahren Eltern bzw. Bezugspersonen grundsätzlich zuerst ohne Kinder ein, um in Ruhe besprechen zu können, worum es in der Therapie gehen soll. Mit den Eltern führe ich eine kurze erste Anamnese durch, die hauptsächlich darauf ausgerichtet ist, zu erfahren, was das Kind bereits an derzeitigen Symptomen hat, welche Traumatisierungen oder Belastungen es erlebt hat und ob Eltern einen (inneren) Zusammenhang zwischen dem Leiden (Symptomatik) und den Lebenserfahrungen sehen. Ich erkläre den Eltern den Ansatz der »stressorbasierten Psychotherapie« (Hensel, 2017), nach dem ich arbeite:

Es geht mir in der Therapie in der Hauptsache darum, die erlebten Traumatisierungen und Belastungen zu verarbeiten, da diese den inneren Stress verursachen, den das Kind hat. Nicht verarbeitete Traumatisierungen/Belastungen sorgen – vereinfacht dargestellt – für die Symptomatik, an der das Kind keine »Schuld« trägt, sowie für die entsprechenden Folgestörungen. Für die meisten Eltern ist dieser Ansatz erfreulicherweise nachvollziehbar und sie willigen in die Behandlung ein.

Anschließend lade ich das Kind allein ein. Mit Kindern bis ca. 14 Jahre führe ich ein kleines, von mir entwickeltes Interview durch, das positive, leichte Fragen zum Alltag, den Hobbys und Vorlieben beinhaltet. Es kommen aber bereits durchaus auch Fragen, die schon einen belastenderen Inhalt haben (Was macht Dich manchmal unglücklich oder traurig? Was ist das Schlimmste, was Dir je zugestoßen ist?), darin vor.

Kinder antworten unterschiedlich darauf. Manche sehr offen und reflektiert, andere eher zurückhaltend. Bei manchen spüre ich, dass sie nur wenig Zugang zu sich selbst haben. Aber eigentlich ist dieses Interview immer eine gute Möglichkeit, bereits jetzt, möglichst vom ersten Wort an, eine gute, sichere, vertrauensvolle, humorvolle Atmosphäre herzustellen, die bewirken soll, dass das Kind gerne wieder kommt.

Hier beginnt es, dass ich für den Zeitraum der Therapie so etwas wie ein »sicherer Ort« für das Kind bin. Mit älteren Kindern gehe ich direkt in ein Gespräch, frage, was sie hierher führt, ob sie kommen wollten oder »gezwungen« wurden, ob sie wissen möchten, was die Eltern gesagt haben.

Fragebogen Kinder/Jugendliche

Name: _____   Datum: _____

Mit wem lebst Du zusammen?

Welche Schule besuchst Du?

Dein Lieblingsfach ist:

Welches Fach magst Du gar nicht?

Hast Du eine gute Freundin/guten Freund?

Was macht Ihr gerne zusammen?

Wie wohnst Du?

Was magst Du an Deinem Zimmer?

Was machst Du in Deiner Freizeit/Hobbys?

Welches ist Dein Lieblingstier?

Was ist Dein Lieblingsessen?

Welche Süßigkeiten magst Du gerne?

Was magst Du an Dir?

Was macht Dich unglücklich, traurig?

Was macht Dich wütend?

Welches ist Dein schlimmstes Erlebnis?

Welches ist Dein schönstes Erlebnis?

Hast Du manchmal Albträume

Wer hilft Dir, wenn Du Hilfe brauchst?

Was sollte in Deinem Leben besser werden?

3 freie Wünsche

1)

2)

3)

Nach dem Interview/Gespräch erstelle ich mit dem Kind gemeinsam eine »Liste der Belastungen«; d. h., ich frage das Kind, was es schon Schlimmes, Trauriges, Angstmachendes, Gemeines, Ungerechtes erlebt hat und mache davon gemeinsam mit dem Kind eine Liste.

Beispielliste eines 9-jährigen Jungen

- möchte Papa öfter sehen
- Hundebiss
- Streit mit D. (Stiefbruder)
- Unfall auf einer Rolltreppe
- Rotaviren, war für zwei Nächte allein im Krankenhaus
- Schlimme Erfahrungen mit Corona
- Trennung der Eltern
- in der Vorschule am Geländer runtergerutscht, Kopf aufgeschlagen
- die anderen lassen mich nicht mitspielen
- Streit der Eltern

Fällt einem Kind nichts ein, was nur sehr selten vorkommt, frage ich bestimmte Themen wie Unfälle, Trennungen, Streit, Ungerechtigkeiten, allein sein, Albträume etc. ab. Wenn es mir wichtig erscheint, bringe ich an dieser Stelle auch Themen der Eltern mit ein. Bei behutsamem Vorgehen empfinden Kinder dies weder belastend noch beschämend.

Anschließend bespreche ich mit dem Kind kurz (hier soll kein Belastungsgefühl entstehen!), was ich denke, wie seine Symptome entstanden sein könnten und diese mit dem Schlimmen, das es bereits erlebt hat, zusammenhängen könnten (Bedingungsmodell). Die Symptome zähle ich mit einer größtmöglichen Leichtigkeit auf, sodass kein Schamgefühl entsteht. Ich betone dabei, dass es sich hier um meine Ideen handelt und es nur Ideen sind.

Ich frage, ob meine Ideen richtig sein könnten oder ob es selbst eine andere Idee habe. So entsteht ein kleines Gespräch darüber, in das ich auf jeden Fall das Thema der »Schuldfreiheit« (▶ Kap. 2.4) inhaltlich einbaue und ihm sage, dass es eine Gemeinheit sei, dass es so etwas (wie einnässen...) erlebe und dass ich sicher sei, dass es sich sehr viel Mühe gebe, die Erwachsenen das nur leider nicht immer erkennen würden (▶ Kap. 2.4).

Danach erkläre ich dem Kind, dass es sehr wichtig sei, die blöden und schlimmen »Sachen«, die es erlebt hat »weg zu machen«, zu verarbeiten, aufzulösen, damit es ihm wieder bessergehe und es wieder fröhlich zum Reiten, Schwimmen etc. gehen könne. Und dafür würde ich sehr gute Tricks/Methoden/Übungen kennen, die meistens sehr schnell helfen. Hier sind keine langen und großen Erklärungen notwendig! Kinder erfassen intuitiv, worum es geht, und spüren das Hilfsangebot. Zum Schluss erkläre ich, dass wir beim nächsten Mal mit dem Trick beginnen und ich ihm diesen dann zeige.

Nach dieser Stunde führe ich mit den Eltern ein weiteres Gespräch, in dem ich Methoden der sanften Traumatherapie erkläre und weitere, zu diesem Zeitpunkt wichtige, anamnestische Fragen kläre, notwendige Diagnostik durchführe und beginne, daran anschließend die Arbeit mit dem Kind.

In der nächsten Stunde mit dem Kind klären wir, welche der Belastungen wir zuerst verarbeiten wollen. Hierfür lese ich noch einmal die Liste vor und bitte das Kind, sich im Stillen etwas davon auszusuchen, ich täte das auch, und wir vergleichen dann. Das bringt einfach etwas Spaß, ist aber auch sehr interessant, denn oftmals decken sich die Ideen.

Hier ist es wichtig, eine Belastung zu verarbeiten, die schätzungsweise einen SUD von 5 oder auch mehr hat. Es ist wichtig, dass das Kind ein Erfolgserlebnis nach der Verarbeitung hat, sich also spürbar besser und erleichtert fühlt, damit es merkt, dass die Arbeit an Belastungen ihm guttut und es dies weitermachen möchte. Hier eignet sich die Verarbeitung von Unfällen, Albträumen, mittelschweren Streitereien.

Ich verarbeite zunächst, wenn irgend möglich, die Belastungen der Liste des Kindes, da es ja seine Therapie ist. Themen der Eltern bringe ich, falls notwendig, später ein.

Eine Therapie verläuft insgesamt nach diesem Muster:

1. Verarbeitung der bekannten Traumatisierungen/Belastungen
2. Schauen, wie es dem Kind im Alltag geht (Gespräche mit Eltern und dem Kind, unabhängig voneinander).

3. Weitere Verarbeitung von Traumatisierungen/Belastungen
4. Regelmäßige Überprüfung, wie es dem Kind im Alltag geht

Ich arbeite so lange, bis »der große Berg weg ist« oder »der unordentliche Keller ganz aufgeräumt«, d. h., bis sich die Symptome so weit reguliert haben, dass das Kind gut damit zurechtkommt, oder diese sich aufgelöst haben. Der Alltag sollte im Großen und Ganzen leicht und erfreulich funktionieren, soweit dies praktisch möglich ist.

Ich erlebe dieses Vorgehen immer als eine Art Prozess: verarbeiten und schauen, wie es geht, was noch da ist an Belastungen, Symptomen, was vielleicht neu hinzu gekommen ist usw. Es wird so lange gearbeitet, bis alle (vorrangig das Kind) ein zufriedenstellendes Gefühl haben – nicht kürzer und nicht länger.

Ziel einer jeden Stunde ist es, dass das Kind in einem besseren Zustand geht, als es gekommen ist: hoffnungsvoll, fröhlich, erleichtert, entspannt.

Ein 16-jähriges Mädchen kam in die Praxis, weil sie nach der Einnahme bestimmter Drogen und Alkohol Panikattacken bekam, die bis heute anhalten. Wir verarbeiteten die Erinnerungen an den Drogenkonsum und die Panikattacken (1. Stunde).

Die Panik verringerte sich, aber nur wenig. Danach berichtete sie, dass sie fast täglich massiven Streit mit ihrem Freund habe, was die Panik sicherlich unterstütze. Wir verarbeiteten also die Streitsituationen mit dem Freund (2. und 3. Stunde). Die Panik trat wesentlich weniger auf. Danach berichtete sie, dass sie massivste Ängste davor habe, versehentlich Glassplitter zu schlucken, da ihr einmal neben dem Salat, den sie gemacht habe, ein Trinkglas kaputt gegangen sei und sie große Angst gehabt hätte, Glassplitter mit verschluckt zu haben. Hieraus hätten sich die verschiedensten Ängste und teilweise auch schon Zwangshandlungen zur Regulierung entwickelt. Da ihr das sehr peinlich sei, habe sie es am Anfang nicht sagen können. Seitdem arbeiten wir intensiv an diesen Themen.

Für die Therapie und die Patientin ist dieser schrittweise Prozess vollkommen in Ordnung. Er entspricht ihrem Kontroll- und Sicherheitsbedürfnis. Der Verlauf könnte als von »schlimm« – zu »schlimmer« – zu »am schlimmsten« bezeichnet werden. Wichtig ist, dass sämtliche belastende Themen auf den Tisch kommen und bearbeitet werden.

2.4   Was ich Kindern immer sage

Mir ist es wichtig, Kindern zu Beginn der Therapie bestimmte Botschaften zu vermitteln, die Gefühle von Wertschätzung, Verständnis, Angenommensein und Sicherheit erzeugen sollen.

Dazu gehören:

* *Du hast keine Schuld an Symptomen.*
* Ein Symptom entsteht nicht einfach so!
* Ein Symptom ist ein, leider meistens nicht funktionierender, Bewältigungsversuch der Psyche, des »Inneren Systems«, mit Belastungen und Traumatisierungen fertig zu werden.
* Ein Symptom (oder letztlich auch eine Folgestörung) versucht, den inneren Stress zu regulieren. Es »passiert« sozusagen (siehe Hensel, 2017).

Eltern und älteren Kindern versuche ich, diese Zusammenhänge nachvollziehbar und deutlich zu machen. Mir geht es hier um ein (auch theoretisches) Verstehen von Schuldlosigkeit. Kein Kind sucht sich Bettnässen, Aggression, Phobien, Rückzug, Dissoziation etc. aus; kein Kind macht sich einen Plan dafür; kein Kind möchte damit jemanden ärgern. Ich erkläre den Kindern deswegen: *Für ein Symptom gibt es immer einen Grund, eine Ursache!*

Der Grund liegt darin, dass ihnen mindestens eine oder auch mehrere Dinge zugestoßen sind, für die sie nichts können, die gemeinerweise passiert sind, die ihr Leben verändert haben, es manchmal schwer und traurig gemacht haben. Sie haben das nicht verhindern und auch nicht ändern können, da es (wahrscheinlich) »größer war als sie selbst«. Ich sage den Kindern:

»Ein Symptom ist so was wie der Freund eines Kindes. Es hat eine eigene Sprache. Es ruft: Hallo, hier bin ich! Hört mich jemand? Ich muss Euch etwas Wichtiges sagen! Irgendetwas im Leben dieses Kindes war und ist nicht in Ordnung! Ihr müsst das Rätsel lösen. Ihr müsst für Ordnung sorgen. Ihr müsst die Ursache beseitigen. Wie Ihr das macht, ist mir egal! Aber sonst werde ich nicht verschwinden. Denn meine Aufgabe ist es, Euch darauf aufmerksam zu machen. Und wenn Ihr mich nicht hört, werde ich lauter oder rufe meine Freunde (andere Symptome) und wir rufen: Hallo, Hallo, hier sind wir! Hört uns jemand?«

Und da ich weiß, dass sie sich mit Sicherheit sehr angestrengt haben, sage ich:

»Ich weiß, dass Du Dich sehr anstrengst, um mit diesen schlimmen Dingen fertig zu werden und alles gut zu machen.«

Kinder möchten ein schönes, fröhliches Leben führen und mit Mama und Papa gut sein. Sie geben sich große Mühe und tun alles, um die Verbindung zu ihnen nicht abreißen zu lassen. Leider bemerken Erwachsene diese Anstrengung (die »Sprache«) nicht immer oder verstehen sie falsch, sondern denken: Was ist mit dem Kind los?!! Kann es nicht mal hören, was ich sage? Kann es nicht nachts einfach aufs Klo gehen so wie andere Kinder? Kann es nicht aufhören, mit dem Bruder zu streiten, kann es nicht einfach normal sein, muss es immer sofort weinen? Es muss doch keine Angst haben, das ist doch nicht so schlimm. Aber das geht eben nicht, auch, wenn das Kind sich noch so sehr anstrengt, auch, wenn es sich das noch so sehr wünscht.

Der Grund liegt in dem, was ein Kind (Traumatisches) erlebt hat. Und dafür kann das Kind nichts. Das wird meistens erst besser, wenn diese Erlebnisse verarbeitet sind. Und das ist die gute Nachricht! Eine weitere gute Nachricht ist: *Es gibt keine Faulheit!*

Faulheit heißt, wenn man etwas, das man machen sollte, eben nicht macht. Weil man zu faul ist? Weil man keine Lust hat? Oder gibt es noch andere Gründe? Oftmals, wenn ein Kind/man etwas nicht macht, hat das mit Angst zu tun, die dahintersteckt. Das ist keine Angst, die uns zittern lässt wie bei einem Gruselfilm. Oft ist sie nur ganz leise, aber sie ist doch da:

*   Wenn ein Kind z. B. den Müll nicht runterbringt, kann es sein, dass es dem Nachbarsjungen nicht begegnen möchte, weil der neulich so komisch geschaut hat.
*   Wenn es die Hausaufgaben nicht machen möchte, kann es sein, dass es die Aufgaben nicht versteht.
*   Wenn es nicht Flöte üben möchte, kann es sein, dass es sich erinnert, dass der Lehrer letztes Mal geschimpft hat, weil es zu spät gekommen ist und nun mag es nicht mehr hingehen und vermeidet das Flötenspiel.

Es lohnt sich also, immer ein bisschen nach der Angst zu suchen und diese Erlebnisse dann zu verarbeiten, damit man sich zukünftig keine Ausreden mehr ausdenken, nicht schwindeln, lügen muss. Denn lügen finden die meisten Erwachsenen sehr schlimm, aber: *Ich finde lügen nicht schlimm.*

Zum Lügen und Schwindeln gehören immer zwei: einer, der schwindelt und einer, der angeschwindelt wird! Deswegen ist eines meiner Ziele, ein Mensch zu sein oder zu werden, den man möglichst nicht anschwindeln muss, wo man spürt: Hier kann ich die Wahrheit sagen!

Leider vergessen die meisten Erwachsenen, dass sie selbst als Kinder auch geschwindelt haben, warum sie die Wahrheit nicht sagen konnten und, dass sie, wie jeder andere auch, heute immer mal wieder schwindeln oder lügen.

Ich finde es eben sehr wichtig, dass man sagen und ausdrücken kann, was man denkt und fühlt, denn: *Jeder hat ein Recht darauf, seinen eigenen Gefühlen, Erinnerungen und Wahrnehmungen zu trauen!*

Nur das Kind allein weiß,

- wie es sich anfühlt oder angefühlt hat,
- was es über irgendetwas denkt,
- wie es etwas erlebt hat, wie es gewesen ist.

Es sind seine eigenen Gedanken, Gefühle und Wahrnehmungen, weil es ein eigener Mensch ist!

In der Therapie sind alle Gefühle erlaubt! Man darf alles fühlen, zeigen, aussprechen, alles darf da sein! Auch die ganz schwierigen Gefühle wie Wut, Zorn, Hass, wie Traurigkeit und Schamgefühl, eben alles, was da ist. Denn: Gefühle töten nicht! Es passiert nichts Schlimmes, wenn man sie ausdrückt. Im Gegenteil: Wenn man ein Gefühl innerhalb der Therapie bearbeiten kann, kann dies verhindern, dass man »draußen« austickt, wie auch immer das aussehen mag!

Und noch etwas: Eine Geschichte beginnt immer da, wo sie für einen selbst beginnt! Eine Geschichte beginnt immer da, wo sie für das Kind selbst beginnt!

Wenn ein Kind erzählt, dass Ben es heute in der Schule in die Seite getreten hat und das schlimm war und er das immer macht, dann sage ich: »Das ist gemein, das darf er nicht!« Dann fängt die Geschichte genau da an, wo Ben das Kind getreten hat. Nicht früher und nicht später! Manche fragen: »Und Du? Was hast Du vorher mit Ben gemacht? Da brauchst Du Dich nicht wundern!«

Aber ich bin sicher: Auch kein Erwachsener möchte zu seiner besten Freundin gehen und ihr erzählen, dass die Nachbarin nicht gegrüßt hat, dass man das blöd findet, um dann von der Freundin zu hören: »Und was hast Du vorher gemacht?« – Nein! – Dann möchte man hören, dass die Nachbarin blöd ist und gemein und dass es so nicht geht und erst, wenn man lange genug darüber geredet hat und alle Gefühle da sein dürfen, fällt einem vielleicht ein, dass man ihr neulich die Tür nicht aufgehalten hat und dass sie einen vielleicht deswegen nicht gegrüßt hat. Aber das interessiert einen am Anfang nicht. Am Anfang möchte man, dass die Freundin einen versteht und auf seiner Seite ist, nur auf seiner Seite!

Es geht hier nämlich nicht um Schuld – Wer von Euch hat angefangen? Es geht darum, eine Sache möglichst gut zu verarbeiten und aus ihr vielleicht etwas zu lernen, und zusätzlich darum:

Ich mache keine Pläne und Methoden in der Therapie bei denen man sich noch mehr und noch mehr anstrengen muss, sondern versuche, so viele große und kleine schlimme Erfahrungen zu verarbeiten wie möglich. Das ist nur kurz einmal anstrengend. Ich finde, Kinder haben es verdient, dass sie sich nicht anstrengen müssen, sondern dass ihr Leben auch wie von selbst besser wird. Mit verschiedenen traumatherapeutischen Methoden geht das sehr gut und: *Ich versuche, mein Bestes zu geben!*

3

Übungen

Wenn Licht in der Seele ist, ist Schönheit im Menschen.
Aus China

3.1 Distanzierungsübungen

Übung 1 Auf der grünen Wiese

Diese Übung soll helfen, sich von hauptsächlich aktuellem Stress zu distanzieren und Gefühle von Freiheit, Erleichterung, Kompetenz zu spüren.

Anleitung

»Stell Dir vor, Du sitzt mitten auf einer schönen, großen, grünen Wiese.

Es ist Sommer, warm, die Vögel singen.

Um die Wiese herum ist ein sehr schöner Wald.

Du sollst nun alles, was Dich gerade belastet »sehen« vor, neben, hinter Dir und dann in den Wald schieben.

Es bleibt dann im Wald.

Nun schau Dich um, wie es ist, auf der Wiese zu sitzen (i. d. R. entspannt, frei, schön etc.).

Genieße das Gefühl.

Und nimm es so mit.«

Es kann sein, dass die »Belastungen« nicht immer offensichtlich auf der Wiese »herumliegen« (nicht explizit benannt werden können); es ist durchaus möglich, dass ein Gefühl von »Hier liegt noch Müll herum, den ich nicht brauchen kann« besteht. Dieser Müll kann dann einfach in den Wald verschoben werden.

Erweiterung I

»Du kannst Dir nun vorstellen, dass Du Deine grüne Wiese, ähnlich wie einen Rettungsring, immer mit Dir herumträgst. Du gehst gleich aus der Praxis und trägst Deine grüne Wiese immer bei Dir.

Du kannst sie in den verschiedensten Situationen spüren.«
Erweiterung II

»Du kannst jeden Abend, wenn Du im Bett liegst, die Wiese noch einmal aufräumen: Schau nach, ob sich im Laufe des Tages wieder etwas auf der Wiese eingefunden hat, das Du dort nicht haben möchtest.

Und schiebe es dann in den Wald!«

Keine Angst vor Waldverschmutzung! Alle Belastungen verwandeln sich nach kurzer Zeit in etwas Positives.

Übung 2 Waldweg

Eine weitere schöne und auch sinnliche Distanzierungsübung ist der »Waldweg«. Auch sie verhilft dazu, sich, zumindest eine Zeit lang, von Belastendem zu distanzieren, nicht mehr daran denken zu müssen.

Das Kind möchte beispielsweise nicht mehr an einen Streit denken oder an den großen Hausaufgabenberg, den es noch vor sich hat. Auch hier kann es hilfreich sein, vorher und hinterher den SUD zu bestimmen.

Anleitung

»Du möchtest ja jetzt gerade nicht an den [schlimmen Streit] denken, oder?

Deswegen machen wir nun eine kleine Übung, die Dir dabei helfen wird!

Stell Dir einmal vor, Du stehst direkt am Eingang eines wunderschönen Waldes.

Dort kannst Du einen Weg sehen. Der Weg führt direkt in den Wald hinein.

Am Anfang dieses Weges steht eine Holzkiste. Mach mal den Deckel der Kiste hoch.

Nun kannst Du den schlimmen Streit dort hineinlegen. Kannst Du Dir das vorstellen?

Wenn Du das getan hast, machst Du die Kiste zu.

Du setzt Dich jetzt so auf die Kiste, dass Du den Waldweg vor Dir sehen kannst.

Wenn Du bereit bist, den Streit loszulassen, stehst Du von der Kiste auf und beginnst, den Waldweg entlangzulaufen.

Bist Du so weit?

Der Weg ist ganz gerade. Es ist wunderschönes Wetter, nicht zu warm, nicht zu kalt, genau richtig.

Du siehst die Bäume und Pflanzen im Wald. Du siehst, wie das Licht durch die Bäume fällt. Du hörst die Vögel singen. Du fühlst den weichen Boden unter Deinen Füßen.

Du siehst den ganzen Weg vor Dir. Du weißt, dass die Kiste hinter Dir ist. Sie wird immer und immer kleiner, je weiter Du gehst.

Die Kiste ist hinter Deinem Rücken und Du ahnst sie nur noch. Du schaust nur nach vorne auf den schönen Weg und es macht Dir unendliche Freude, ihn zu gehen.

Nach einer Zeit siehst Du, dass der Weg zu Ende geht Du kannst nun schon eine kleine Lichtung am Ende erkennen.

Du weißt zwar, dass die Kiste am anderen Ende des Weges ist, aber für Dich ist sie nicht mehr da.

Du bist nun am Ende des Weges angekommen und stehst vor der Lichtung.

Erzähle mir, was Du dort siehst!«

Übung 3 Hab's im Rücken

Diese Übung stellt eine hilfreiche Distanzierung zu belastenden Themen her. Sie kann u. a. helfen, Themen, die noch nicht bearbeitet werden können, schon zu minimieren und Ängste zu reduzieren.

Das belastende Thema wird imaginär in eine kleine Kugel gepackt und hinter dem Rücken des Kindes »verborgen«, so, als würde sie dort freischweben. Das Wichtige daran ist, dass das Kind das belastende Thema nicht mehr »sieht«. Es spürt nur noch die Kugel im Rücken, egal, wie es sich dreht und wendet.

Um diesen Eindruck noch zu verstärken, bitte ich das Kind, sich hinzustellen und die Arme seitlich nach rechts und links auszubreiten. Diese stellen eine Art Wand da, durch die man nicht nach hinten schauen kann, sodass keine Belastung (Kugel) mehr sichtbar ist.

Selbst wenn das Kind den Blick weit über die Schulter richten sollte (es ist sinnvoll, das einmal auszuprobieren!), ist nichts sichtbar. Der Blick des Kindes geht also von nun an nur noch in einer positiven Weise nach vorne und ich bitte es, mir zu berichten, was es da alles sieht – in der Realität, also im Zimmer, und, ressourcenorientiert, in der Fantasie und Zukunft.

Wichtig ist, am Ende noch einmal deutlich zu betonen, dass Kugel oder Ball immer hinter dem Rücken bleiben! Ziel ist, die Kugel im Rücken zu spüren und nicht nach vorne kommen zu lassen, da sonst wieder die Beschäftigung mit sämtlichen negativen Themen droht.

Mädchen, 13 Jahre (Probleme mit der Mutter)

Das Mädchen wurde von frühester Kindheit an von der Mutter und auch der Oma für alles kritisiert, was es tat. So ziemlich alles war falsch: wie sie den Stift hielt, wie sie lief, wie sie lachte, wie sie aß. Bis sie schließlich massivste Ängste hatte und nicht mehr redete.

Wir kamen darauf, dass so ziemlich alles, was ihr gesagt wurde, eine Art »Lüge« war und verpackten all diese Erfahrungen und Sätze imaginär in einer Kugel und verstauten sie hinter dem Rücken des Mädchens.

Eine Verarbeitung der Erfahrungen war zu diesem Zeitpunkt noch nicht möglich. Es trat aber bereits nach der Übung ein Distanzgefühl, verbunden mit Erleichterung und einem kleinen Lächeln auf.

Die große Frage danach war: Wer bist Du wirklich?

Junge, 9 Jahre (Angst vor dem Zahnarzt)

Obwohl wir die belastenden traumatischen Erinnerungen an diverse Zahnarztbesuche bereits verarbeitet hatten, blieb bei dem

Jungen eine Rest-/Zukunftsangst bestehen. Diese wurde vor allem vor dem nächsten anstehenden Zahnarztbesuch sehr deutlich. Schon Wochen vorher hatte er Angst (SUD 7).

Wir machten imaginär einen kleinen Fußball aus der Angst und deponierten diesen hinter seinem Rücken. Zwar ahnte er den Ball danach noch in seinem Rücken, sah aber hauptsächlich »Fußball spielen« vor sich. Diese Erfahrung konnte er stabil bis zum Zahnarztbesuch halten und seine Belastung war dadurch sehr gering (SUD 1).

Mutter eines 5-jährigen Jungen (Angst vor einem Gespräch im Kindergarten)

Auch mit Erwachsenen/Eltern kann diese Übung hilfreich sein. Die Mutter hatte Angst vor einem Gespräch mit den Erzieherinnen des Kindergartens ihres Sohnes. Es war dort bereits zu mehrfachen Auffälligkeiten des Kindes gekommen, die besprochen werden sollten. Die Mutter empfand die Stimmung aufgrund vorheriger Gespräche sehr angespannt und fürchtete sich vor einer Auseinandersetzung.

Wir verpackten ihre Erfahrungen sowie die Angst vor dem anstehenden Gespräch imaginär in eine Kugel, die sie hinter ihrem Rücken verbarg. Vor sich sah sie nun nur noch das nächste Bezugspersonengespräch in der Therapie, von dem sie sich vorstellte, mir von einem erfolgreichen Gespräch berichten zu können.

So erzählte sie dann auch stolz und erleichtert, dass es ihr gelungen sei, die Kugel bis zum anstehenden Gespräch hinter ihrem Rücken gehalten zu haben. Sie habe immer wieder die Arme ausgebreitet und gedacht: »Ich sehe keine Kugel«! Sie im Rücken zu haben, half ihr, die Angst so weit zu reduzieren, dass sie relativ entspannt und unvoreingenommen in das Gespräch gehen konnte.

Übung 4 Abschneiden

Wenn ein Kind aufgrund eines Erlebnisses noch Gefühle in sich trägt, die nicht zu ihm gehören, die es nicht haben möchte, wo jemand es in etwas hineingezogen hat, auf ihm abgeladen hat, hilft die Übung »Abschneiden«. Man bespricht mit dem Kind, was und warum es etwas loswerden möchte, und bittet es, sich im Raum auf einen freien Platz zu stellen.

Nun gibt es zwei Möglichkeiten:

1. Die TherapeutIn »schneidet ab«, indem sie mit dem ausgestreckten Arm oder einem Spielzeugschwert (sehr beliebt) an dem Kind vorbei an allen Körperseiten, auch über dem Kopf, das belastende Gefühl »abschneidet«, also vom Kind trennt, und das sehr gründlich.
2. Das Kind kann dies auch selbst bei sich durchführen.

Abschließend überprüft das Kind, ob das belastende Gefühl auch wirklich weg ist (i. d. R. nach dem ersten Durchgang) und es nur noch »es selbst« ist. Sinnvoll ist es hier, dass sich das Kind dafür wieder auf seinen Platz setzt, um Abstand zu bekommen. Es kann sagen: »Ich bin nur ich selbst. In mir ist nur Gutes!«

Junge, 12 Jahre (sexueller Missbrauch durch den Vater; Ekel vor Alkoholgeruch)

Der Vater des Jungen war oft alkoholisiert, auch während der Missbrauchshandlungen. Alkoholgeruch war deswegen ein starker Trigger und befand sich gefühlsmäßig »in ihm drin«, als ob er selbst etwas getrunken habe.

Das Abschneiden erfolgte durch den Jungen selbst, wurde dreimal wiederholt, bis er sich völlig frei davon fühlte.

Anschließend wurde mit der »Münzenmethode« (▸ Kap. 3.2, Übung 1) noch eine Ressource installiert, wie er innerlich riechen möchte: nach Lebkuchen und Weihnachten!

Mädchen, 9 Jahre (übertragene Wut der Mutter)

Das Mädchen hatte aus verschiedenen Gründen das Gefühl, dass die Mutter bei einem Streit mit ihr grundlos ihre Wut auf ihr abgeladen habe und sie diese nun in sich trägt, wo sie sie nicht haben möchte, denn es ist nicht ihre Wut.

Nach dem »Abschneiden« (durch die Therapeutin) fühlte sie sich frei von der Wut; diese gehörte wieder zur Mutter.

Mädchen, 14 Jahre (von der Freundin gemachte Schuldgefühle)

Während eines Streits mit ihrer besten Freundin machte diese ihr, für das Mädchen sehr ungerechtfertigte, Schuldgefühle. Diese wollte sie nicht haben. Die Schuldgefühle sollten abgetrennt werden, was sie selbst mit dem Holzschwert vornahm.

Nach einem Durchgang war sie davon befreit.

Übung 5 Polizei – Polizei

Kinder und Jugendliche haben oft unangemessene Schuldgefühle, machen sich Vorwürfe, haben einen starken inneren Kritiker, der sie permanent bedroht und ihnen Schlechtes über sie sagt, übernehmen die Kritik anderer, haben ein geringes Selbstwertgefühl. Um die Irrationalität und die Absurdität deutlich zu machen, kann die folgende Übung helfen.

Für jedes »Vergehen« gibt es eine andere Polizei (gemeint ist der »Innere Kritiker«), die dann kommt.

Hier kann man mit einer guten Prise Humor und mit Selbstironie Lockerheit und Angemessenheit in die typischen »Vergehen« und »Fehler« bringen und somit Abstand dazu gewinnen. Dem Kind soll klar werden, dass es zu kritisch und zu streng mit sich selbst umgeht. Es kann auch hier sinnvoll sein, die entsprechenden vorausgehenden Belastungen zu verarbeiten.

Anleitung

- Wenn man einen Pickel hat – kommt die Schönheitspolizei.
- Wenn man die Hausaufgaben nicht machen will – kommt die Hausaufgabenpolizei.
- Wenn man nicht zum Schwimmen gehen will – kommt die Schwimmpolizei.
- Wenn man Musik zu laut hört – kommt die Musikpolizei.
- Wenn man etwas Böses denkt – kommt die Gedankenpolizei.
- Wenn man den Müll nicht rausbringt – kommt die Faulheitspolizei.
- Wenn man Fehler beim Malen macht – kommt die Malpolizei.
- Wenn man Fehler überhaupt macht – kommt die Fehlerpolizei.

3.2 Übungen zur Verarbeitung von Belastungen und Traumatisierungen

Übung 6 Münzenmethode

Die Münzenmethode habe ich innerhalb meiner EMDR-Arbeit mit Kindern und Jugendlichen entwickelt und erprobt. Sie stellt eine positiv kontrollierbare Form der Verarbeitung belastender Ereignisse dar und dient auch der Installation von Ressourcen. Hier werden durch das Verschieben von Münzen von einem »negativen Feld« (= Belastung) in ein »positives Feld« (= verarbeitet) Belastungen verarbeitet bzw. Ressourcen installiert.

Meine Erfahrung zeigt, dass manche belastenden Gefühle nach der Verarbeitung (mit EMDR beispielsweise) ganz verschwunden sind, manche aber durchaus auch nicht (Ängste/Erwartungsängste und Zwänge sind oft sehr hartnäckig).

Ich empfehle, die den belastenden Gefühlen zugrunde liegenden Erfahrungen zunächst mit Methoden der Traumatherapie zu verarbeiten und/oder (anschließend) die Münzenmethode anzuwenden. Diese bietet u. a. auch eine Möglichkeit der Diagnostik, indem man überprüft, wie stark das belastende Gefühl noch vorhanden ist (SUD-Bestimmung durch Anzahl der Münzen).

Manchmal, selten zwar, passiert es doch, dass ein Kind, aus verschiedenen Gründen (die natürlich überprüft werden sollten) nicht in einen Verarbeitungsprozess kommt. Um dies zu merken, verlasse ich mich auf meine Erfahrung und den Kontakt zum Kind. Hier kann die Münzenmethode sehr gut eingesetzt werden, denn sie bietet für die TherapeutIn eine gute Möglichkeit der Kontrolle (im positiven Sinne natürlich), ob ein Prozess tatsächlich stattfindet (▶ Fallbeispiel, Junge, 12 Jahre).

Ich persönlich habe erfreulicherweise noch nie erlebt, dass ein Kind bei dieser Methode »schummelt« und würde mich jederzeit darauf verlassen können, dies zu bemerken, denn man spürt einfach die Intensität eines solchen Prozesses.

Welche Belastungen lassen sich mit der Münzenmethode verarbeiten?

Meiner Erfahrung nach: alle Belastungen/Traumatisierungen! Sowie sämtliche belastende Gefühle wie

- Angst, Prüfungsangst,
- innerer Stress,
- Gefühl von Versagen, Scham, Ablehnung, Ungerechtigkeit, Ekel etc.,
- Streit/Beziehungsstress,
- auch der innere Stress, der entsteht, wenn eine Zwangshandlung nicht ausgeführt wird, kann erfahrungsgemäß sehr gut reduziert werden.

Kinder und Jugendliche lieben diese Methode, denn:

* Die Methode ist zu jedem Zeitpunkt einer stressorbasierten Therapie einsetzbar, durchaus auch gleich zu Beginn!
* Es handelt sich um kurze, unbekannte Interventionen, die neugierig machen.
* Es ist nicht nötig, vorher (positive und negative) Kognitionen zu ermitteln.
* Vor der Verarbeitung schwerer Belastungen reduziert sich allein beim Anblick der Münzen (SUD 10) die Furcht vor der Verarbeitung/Prozessierung (Überblick, Kontrolle).
* Eine Verarbeitung schwerer Belastungen ist durch die Einteilung in mehrere Schritte möglich (Immer drei Münzen verarbeiten o. Ä.) und somit angstreduzierend.
* Die Methode enthält die Form eines zusätzlichen Kontrollgefühls durch das Verschieben der Münzen.
* Es wird am Ende ein befriedigendes Gefühl durch den Anblick der Münzen im guten/grünen Kreis vermittelt.

Anleitung

Vorbereitung

Auf ein DIN-A4-Blatt werden zwei Kreise gemalt (Durchmesser ca. zehn cm), ein grüner (= positives Feld), ein roter (= negatives Feld) sowie ein braunes Viereck, welches das Körbchen für die Münzen darstellt. Es werden zehn gleichwertige Münzen benötigt/entsprechend SUD oder VOC (auf die Anzahl 7 wird hier der Einfachheit halber verzichtet bzw. durch 10 ersetzt). Bewährt haben sich auch die goldenen Schokoladentaler, die man hinterher mitnehmen oder gleich aufessen kann.

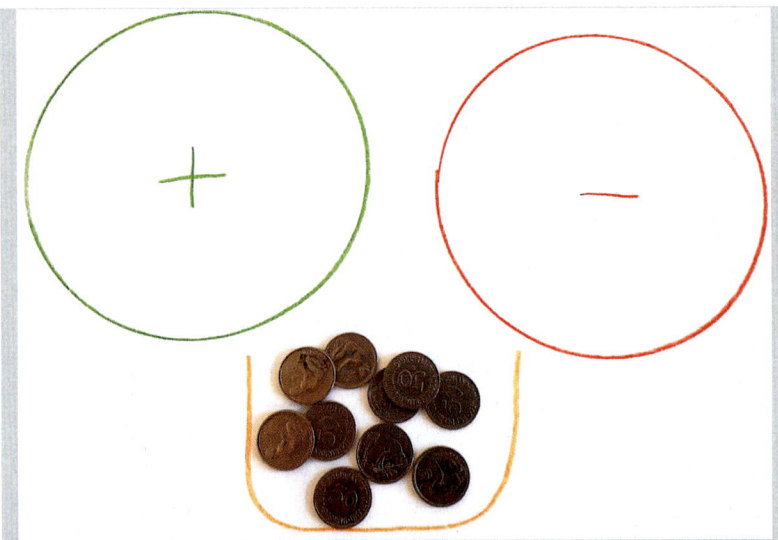

Abb. 3.1: Münzenmethode

Ablauf – Verarbeitung von Belastungen
Mit dem Kind wird besprochen, welche Belastung (Ereignis, Gefühl, Bild, Reste) nun noch verarbeitet werden soll. Ziel ist es, nach der Bestimmung des SUD (verschieben der entsprechenden Anzahl Münzen vom Körbchen in den roten Kreis), die Belastung mithilfe von Prozessierung vollkommen zu verarbeiten.

Die Verarbeitung geschieht während des Prozessierens (wie bekannt/EMDR) und zeigt sich durch das gleichzeitige Verschieben der Münzen in den grünen Kreis. In der Regel werden alle Münzen »verarbeitet« – der Verarbeitungsprozess ist abgeschlossen. Anschließend erfolgt ein kurzer Austausch und bei Bedarf die Installation einer passenden Ressource.

Wörtliche Anleitung für Kinder/Jugendliche – Verarbeitung
»Wir wollen jetzt noch das schlimme, gemeine Gefühl von Angst/Streit/Ungerechtigkeit ganz wegmachen und verarbeiten.

Zähle so viele Münzen (SUD) in den roten Kreis, wie schlimm das für Dich jetzt ist. Du weißt ja: 10 ist am schlimmsten. Ich mache jetzt das Gerät an und immer, wenn das ein bisschen besser oder kleiner wird, schiebst Du eine Münze rüber in den grünen Kreis. Wenn alle Münzen drüben sind, sind wir fertig.«

Ablauf – Ressourceninstallation
Mit dem Kind/Jugendlichen wird besprochen, welche Ressource installiert oder verstärkt werden soll.

Ist eine Ressource schon vorhanden und soll lediglich verstärkt werden, wird abgefragt, wie stark diese schon ist. Dies entspricht der Bestimmung des VOC, allerdings entspricht ein VOC von 7 hier der Einfachheit halber 10 Münzen. Die Münzen werden entsprechend der Höhe im grünen Kreis deponiert, der Rest verbleibt im Körbchen.

Ist keine Ressource vorhanden, bleiben alle 10 Münzen im Körbchen.

Ziel ist es, während des Prozessierens (evtl. langsames Tempo) durch das Verschieben der Münzen den grünen Kreis zu füllen. Dies geschieht, indem bei jedem inneren »Fühlen«, dass die Ressource wächst und stärker wird, entsprechend eine Münze verschoben wird.
  Das Prozessieren funktioniert mit dem EMDR-Gerät sehr gut. Das Kind hält die Pulsatoren des EMDR-Gerätes in den Händen und verschiebt die Münzen entsprechend in die Felder. Kinder können sehr gut mit den Pulsatoren in den Händen Münzen verschieben!

Wörtliche Anleitung für Kinder/Jugendliche – Ressourcen
»Deine Angst/ Dein Stress/der schlimme Streit ist jetzt weg.
Jetzt machen wir noch etwas richtig Gutes dazu. Wir machen
noch mal den Mut/ inneren Frieden/die Verbindung zu Mama
ganz stark.

In dem Körbchen liegen 10 Münzen und immer, wenn Du in
Deinem Kopf und Körper und Herzen spürst, dass das größer
und stärker wird, schiebst Du eine Münze in den grünen Kreis.
Wenn alle Münzen im grünen Kreis liegen, sind wir fertig.«

Junge, 12 Jahre (sexueller Missbrauch durch den Vater im Alter zwischen 4 und 8 Jahren)
Der Junge konnte sich an Details des Missbrauchs erinnern und
erlebte diese, wie auch seine Lebensumstände damals, noch als
sehr belastend (nicht verarbeitet).

Wir versuchten zunächst, einzelne, nicht hoch belastete (SUD
durchschnittlich 5) Erinnerungen klassisch mit EMDR zu verarbeiten. Es zeigte sich jedoch sehr schnell, dass er sich innerlich
nicht auf den Prozess einlassen konnte und teilweise dissoziier-
te (was meiner Erfahrung nach nur selten vorkommt).

Ich schlug ihm die Münzenmethode vor und wir teilten ein
einzelnes Ereignis zunächst in drei Verarbeitungsschritten in
zweimal Drei und einmal Vier Münzen ein, die dann entsprechend der Methode sehr einfach verarbeitet werden konnten
und ihm ein gutes Gefühl der Kontrolle und des Erfolgs boten.

So arbeiteten wir uns zunächst Schritt für Schritt durch einzelne Erinnerungen. Nach relativ kurzer Zeit war es sein eigener
Wunsch, die Anzahl der Münzen zu erhöhen, sodass wir am
Ende der Therapie auf seine gewünschten zehn Münzen kamen,
die er ohne Dissoziation und voller Mut bewältigte.

Mädchen, 7 Jahre (Trennungsangst)
Das Mädchen hat große Angst, ohne die Mutter zuhause zu bleiben, obwohl die älteren Geschwister da sind und sie nicht allein ist.

Die ursächlichen Situationen (Mutter und Kinder erlebten verbale und körperliche Gewalt durch den Vater) wurden zunächst verarbeitet. Es blieb jedoch eine hartnäckige Angst, ohne die Mutter zu bleiben. Da es ihr eigener Wunsch war, dies zu schaffen, bearbeiteten wir ihre Angst mit der Münzenmethode.

Als Größe ihrer Angst gab sie Zehn (Münzen/SUD) an. Während des Prozessierens verschob sie, ihre Kuschelkatze unter den Arm geklemmt, langsam eine Münze nach der anderen in den grünen Kreis. Am Ende gab sie an, dass die Angst »besser, null« sei, ihre Mutter könne weggehen.

Das funktionierte zwar nicht am selben Abend, jedoch noch in derselben Woche und ist bis heute stabil.

Jugendlicher, 19 Jahre (Angst um nahestehende Menschen)
Der Jugendliche hat große Angst, dass den Menschen, die er liebt, etwas passieren könnte.
In diesem Fall bot sich die Situation an, gleich in der zweiten Stunde eine Ressource zu installieren.

Wir sprachen zunächst darüber, ob er einen Glauben an etwas »Höheres« oder an ein beschützendes Wesen habe. Er glaubte nicht an Gott, aber an eine bestimmte gute Kraft und ich bat ihn, während des Prozessierens (mit dem EMDR-Gerät) die Kraft in sich zu spüren und immer, wenn sie ein wenig stärker würde, eine Münze der zehn Münzen aus dem Körbchen in den grünen Kreis zu schieben. Da er teilweise immer gleich zwei Münzen verschob (was vollkommen in Ordnung ist – es ist ja sein innerer Prozess), war der Prozess schnell beendet. Meine Frage, ob er nun das Gefühl habe, die anderen seien gut beschützt, beantwortete er mit Ja. Wie sich das anfühle? – »Sehr schön!«

Übung 7 Der Tod ist nicht das Ende – Ein guter Ort für Verstorbene

Ist jemand verstorben (Angehöriger, Freund, Tier), stellt dies natürlich eine Belastung für ein Kind dar. Damit die Trauer in eine ruhige Bahn gelenkt wird und eine Art verlässlichen »Endpunkt« hat, mache ich die folgende Übung. In vielen Fällen haben Kinder gehört, dass die Oma nun auf einer Wolke im Himmel sei. Das ist oft ein trostreiches Bild (die Oma ist nicht weg), wird aber häufig als nicht sicher genug erlebt.

Himmel und Wolken sind zu unsicher, zu groß, da kann man schnell herausfallen oder jemanden verlieren. Ich finde deswegen mit Kindern gemeinsam einen (anderen) guten Ort, an dem die Oma nun ist. Es sollte ein sicherer, geerdeter Ort sein, äußerlich begrenzt, an gute Erinnerungen, auch Rituale geknüpft, die bei der Übung eingebunden werden.

Gemeinsam suchen wir danach und installieren diesen guten Ort. Dieser sollte gut geschützt und nur für das Kind zugänglich sein. Der Ort kann gerne gemalt und anschließend mit Butterfly Hugs/EMDR stabilisiert werden. Das Kind kann nun imaginär jederzeit an den guten Ort mit dem Verstorbenen gehen. Es darf dort alles machen, was ihm guttut.

Der oder die Verstorbene kann auch jederzeit bei Problemen Rat oder Trost geben, als Coach fungieren etc.

Junge, 10 Jahre (Tod der Oma)
Ich stehe im Garten und kann durch das Fenster des Hauses von Oma und Opa sehen. Ich sehe, wie Oma und Opa im Haus tanzen.

Jugendliche, 17 Jahre (Tod des Cousins)
Ich schiebe meinen Cousin in seinem Rollstuhl durch einen großen schönen Park.

Mädchen, 12 Jahre (Tod der Oma)
Ich helfe Oma in ihrem Garten Blumen einpflanzen. Ich war sehr oft bei Oma in ihrem Garten.

Erweiterung

Kinder und Jugendliche mögen es, für andere etwas Gutes zu tun. Das ist auch nach dem Tod in Gedanken noch möglich.

Frage an das Kind:

Welchen Dienst würdest Du dem Verstorbenen gerne noch erweisen? Was könntest Du noch Schönes für Oma machen (etwas zurückgeben von der Liebe, worüber der andere sich freuen würde, Deine Liebe noch mal zeigen, Frieden finden, Verbindung herstellen)?

Jugendliche, 18 Jahre (nach dem Tod des Opas)

Opa hat mir sein Klavier vererbt. Ich spiele ihm noch was vor.

Mädchen, 9 Jahre (nach dem Tod der Oma)

Ich backe für Oma Weihnachtskekse.

Mädchen, 10 Jahre (nach dem Tod des Hundes)

Ich kaufe für unseren Hund von meinem Taschengeld einen großen Knochen, der niemals alle wird.

Übung 8 Durchtrennen oder: Lass es hier in der Praxis

Diese Übung ist angelehnt an die Methode »TRIMB« (Trauma Rekapitulation with Imagination, Motion and Breath, Ellen Spangenberg). Ich mache sie möglichst regelmäßig (zusammen mit »Auf der grünen Wiese«, ▶ Kap. 3.1, Übung 1) am Ende jeder Therapiestunde.

Es geht hierbei noch einmal um das Loslassen belastender Bilder, Gefühle oder Situationen. Ziel ist hier in erster Linie das Wohlgefühl und eine Erleichterung und dadurch die Möglichkeit, die Therapiestunde in einem stabilen positiven Zustand abzuschließen. Hier geht es mehr um eine Art »Gesamtgeschehen«, das auch als integrativ eingeordnet kann. Es entsteht i. d. R. ein Gefühl von Leichtigkeit, Lebensfreude, Kompetenz und Selbstwirksamkeit.

Anleitung

Genau wie bei »TRIMB« wird an einer Wand ein weißes Blatt (DIN-A4 oder größer), das einen schwarzen Rahmen hat, befestigt. Das Blatt sollte sich nicht im Sichtfeld des Kindes befinden.

Das Kind wird nun gebeten, seinen Platz zu verlassen und sich auf einen Platz gegenüber dem Blatt an der Wand, mit einem Abstand von mindestens drei Metern, zu setzen.

Frage an das Kind: »Was für ein Bild, Gefühl, Situation von heute möchtest Du noch loswerden, hier in der Praxis lassen?« (Wenn das Kind keine eigenen Ideen hat, mache ich Vorschläge.)

Dieses Bild/Gefühl/Situation soll nun auf das Blatt an der Wand projiziert werden. In der Regel sind diese Bilder nicht sehr belastend, da vorher mit ihnen gearbeitet wurde (▶ Beispiele).

Das Kind wird nun aufgefordert, eine Art »Verbindung« zwischen sich und dem Bild zu »sehen« (Seil, Band, Balken, Kette, Ast o. ä.). Diese imaginäre Verbindung entsteht von selbst vor dem inneren Auge. »Sieht« es das Verbindungsstück, wird es aufgefordert, ein ganz praktisches Werkzeug (Schere, Säge, Flex, Messer) zu finden, mit dem sich die Verbindung trennen lässt, und dies anschließend auch imaginär durchzuführen.

Ist die Verbindung getrennt, wird das Kind aufgefordert, zu »schauen«, ob es beide Enden der Verbindung herunterhängen sieht. Anschließend soll es sich gleich wieder auf seinen alten Platz setzen und nachzuspüren, wie es ihm mit dem ursprünglichen Bild/Situation/Gefühl nun geht.

Meiner Erfahrung nach tauchen hier immer Gefühle von Erleichterung, Leichtigkeit, Freude, Stolz auf. Das Bild/Situation/Gefühl ist weg.

Junge, 14 Jahre (Streit)

Situation/Projektion auf dem Blatt: Streit mit Mutter, weil er seine Hausaufgaben nicht gemacht hat, ungutes Restgefühl
Verbindung: silberne dicke Eisenkette
Werkzeug: Flex
anschließende Reaktion: Jetzt ist es besser, ich entschuldige mich gleich bei Mama.

Mädchen, 16 Jahre (Streit)

Situation/Projektion auf dem Blatt: Rest eines Streites mit einer Freundin
Verbindung: dickes braunes Seil
Werkzeug: Heckenschere
anschließende Reaktion: Es ist weg, das fühlt sich gut an.

Mädchen, 10 Jahre (Todesfall)

Situation/Projektion auf dem Blatt: Tod des Opas (Trauer, dass er gestorben ist)
Verbindung: blaues Geschenkband
Werkzeug: Schere
anschließende Reaktion: Jetzt bin ich nicht mehr so traurig, ein bisschen schon, aber nicht mehr so sehr.

Variante

Auch belastende (Rest-)Gefühle können sich mit dieser Methode auflösen.
Hierfür malt das Kind das noch belastende Gefühl auf ein DIN-A4-Blatt (▶ Abb. 3.2), gerne in Form eines »Kritzel-Kratzel«. Die Farbe hierfür wählt es vorher aus.

Das Bild wird nun wieder an die Wand geheftet und dieses Gefühl entsprechend der Methode bearbeitet.

Abb. 3.2: Kritzel-Kratzel

Übung 9 Mein wundervoller Tauschladen

Ein Tauschladen ist etwas ganz Wundervolles. Dort gibt es, ähnlich wie in einem Tante-Emma-Laden (manche von uns erinnern sich), einfach *alles*! Riesige Regale stehen dort mit den besten Sachen! Und das Gute daran ist: Dort stehen auch leere Regale, in die man etwas legen kann, etwas, das man in seinem Leben nicht mehr haben möchte.

Anleitung
Ich erkläre dem Kind, dass es einen tollen Laden gibt, in dem man Sachen eintauschen kann, schlechte gegen gute.
Ich frage das Kind:
»Was (oftmals auf ein Thema der Therapiestunde bezogen) möchtest Du gerne loswerden?« (Gefühle, Gedanken, negative Selbstzuschreibungen, Erlebnisse, Zukunftsängste etc.)

Das Kind benennt etwas. Tut es das nicht oder zögert aus Unsicherheit zu lange, mache ich einen Vorschlag und frage, ob das passt. Hat das Kind etwas benannt (z. B. die Klassenkameraden, die es immer ärgern), frage ich:

»Warum möchtest Du das loswerden?«

Diese Frage dient der tieferen Bewusstmachung und einer verstärkten Abgrenzung von Störendem sowie einer weiteren Distanzierung (Das stört mich, passt nicht zu mir, hat mich verletzt, finde ich doof etc.).

Ich bitte das Kind dann, in den Tauschladen zu gehen und das Ereignis symbolisch in eine Tüte zu tun und diese zu verschließen. Außen auf die Tüte kommt ein Schild, auf dem das Ereignis noch einmal betitelt wird (»Blöde Klassenkameraden«).

Nun soll das Kind diese Tüte in eines der leeren Regale stellen. Wenn man etwas weggegeben hat, darf man auch etwas wieder mitnehmen! Das Kind darf sich also ein passendes »Gegenstück« aus dem Regal nehmen (nette Klassenkameraden, die auch Freunde sind).

Hier kommt wieder die wichtige Frage. »Warum möchtest Du das (nette Klassenkameraden) mitnehmen?« Diese Frage dient neben der Bewusstmachung und einer deutlichen Entscheidung dem Erleben von positiven Gefühlen und einem stärkenden Blick in die Zukunft. Auch hier helfe ich bei Bedarf.

Das Kind soll nun den »Gegenstand« in eine Tüte legen und diese »beschriften« (Gute Freunde). Die Tüte wird nun verschlossen und ich bitte das Kind, mit ihr aus dem Laden zu gehen und die Ladentür hinter sich zu schließen. Es soll nun noch ein Stück gehen, bis es in einen schönen Park kommt. Dort soll es sich mit der Tüte auf eine Bank setzen.

Ich bitte es nun, einen Blick in die Tüte zu werfen und spontan zu sagen, was es in der Tüte sieht und das gute Gefühl dabei zu genießen. (Die netten Klassenkameraden und ich stehen in der Hofpause zusammen auf dem Schulhof.)

Verstärkt werden kann dieser Moment durch Butterfly Hugs und durch Malen.

Mädchen, 14 Jahre (Angst vor Vorträgen)

Therapeutin: Was möchtest Du im Tauschladen eintauschen?

Kind: Meine Angst vor Vorträgen vor der Klasse.

Therapeutin: Warum?

Kind: Sie stört mich, ich schäme mich und das möchte ich alles nicht mehr. Auf der Tüte steht: Blöde Vorträge.

Therapeutin: Was möchtest Du stattdessen mitnehmen?

Kind: Ich kann sprechen.

Therapeutin: Warum?

Kind: Weil sich das gut anfühlt, weil ich das dann kann, auch für später.

Therapeutin: Was siehst Du spontan, wenn Du in die Tüte schaust?

Kind: Ich sehe mich, wie ich vor der Klasse stehe und spreche.

Jugendliche, 17 Jahre (sexuelle Belästigung)

Therapeutin: Was möchtest Du im Tauschladen eintauschen?

Jugendliche: Die sexuelle Belästigung.

Therapeutin: Warum?

Jugendliche: Sie ist negativ, schlecht. Auf der Tüte steht: Sexuelle Belästigung.

Therapeutin: Was möchtest Du stattdessen mitnehmen?

Jugendliche: Ich kann mich verteidigen.

Therapeutin: Warum?

Jugendliche: Damit ich mich verteidigen kann.

Therapeutin: Was siehst Du spontan, wenn Du in die Tüte schaust?

Jugendliche: Ein Powermädchen, das tritt, schreit, wehrt sich.

Jugendliche, 18 Jahre (Depression)

Therapeutin: Was möchtest Du im Tauschladen eintauschen?

Jugendliche: Etwas Schwarzes.

Therapeutin: Warum?

Jugendliche: Das zieht mich runter, hindert mich, weiterzugehen und mich auf meine Sachen zu freuen. Auf der Tüte steht: Schwarz.

Therapeutin: Was möchtest Du stattdessen mitnehmen?

Jugendliche: Weiß.

Therapeutin: Warum?

Jugendliche: Das kann ich bunt gestalten, ich kann was machen.

Therapeutin: Was siehst Du spontan, wenn Du in die Tüte schaust?

Jugendliche: Eine Blume.

Übung 10 In einem anderen Land

Die Arbeit mit einem sehr verängstigten Mädchen (13 Jahre) hat mich dazu bewogen, spontan ein »Anderes Land« zu kreieren. Dieses imaginäre Land kennen nur das Kind und die TherapeutIn. Es ist eine Art »Schlaraffenland« und kann mit allen Einzelheiten fantasievoll ausgestattet werden; auch gemalt werden.

Ein anderes Land zu installieren kann bei vielen Themen hilfreich sein:

* Absurditäten
* Ungerechtigkeit
* Erleben von Unrecht und Belastungen aller Art
* Schwierige Situationen
* Ausleben von Rachegefühlen
* Distanzierung usw.

Dadurch entstehen Entspannung und ein positives Modell; Kinder fühlen sich verstanden und solidarisch begleitet. Meiner Erfahrung nach besteht keine Gefahr, sich in dem »Land« zu verlieren.

Mädchen, 13 Jahre (massive Kritik durch die Mutter über viele Jahre)

Schon sehr früh wurde sie von Mutter und Oma für alles kritisiert, was auch immer sie tat: den Stift falsch halten, die Tasse falsch halten, falsch lachen, ein falsches Gesicht machen, tausend Fehler bei den Hausaufgaben. Eigentlich war nichts richtig!

Also habe ich das »Andere Land« entdeckt, in dem alles anders ist: Hier muss man den Stift falsch halten oder die Tasse, je »falscher«, desto besser. Wehe, wenn man nicht lacht oder die Hausaufgaben richtig sind. Je schlimmer die Fehler, desto besser! Am besten wird gleich das ganze Heft zerrissen.

Der Fantasie sollte hier keine Grenzen gesetzt werden. Wann immer wir in der Therapie auf ein ähnlich kritikbelastetes Thema kommen, besuchen wir das Land, in dem man Fehler machen muss: »Fehlerland«, von dem nur ganz besondere Menschen wissen.

Jugendliche, 18 Jahre (Konkurrenz zwischen ihr und dem älteren Bruder)

Die Jugendliche berichtete, dass sie sehr darunter leide, dass ihr älterer Bruder, der sein Abitur nachhole, besser sei in der Schule als sie und dies auch oft betone. Da ihr dies schlechte Gefühle mache, wolle sie sich davon distanzieren.

Wir suchten also zwei Länder, die sich geographisch in ihrer Art unterschieden und weit voneinander entfernt liegen: Ihr Bruder »lebt« nun in Norwegen und geht dort zur Schule; sie aber »lebt« in Afrika, wo sie ihre Schule besucht. In dem einen Land ist es kalt, im anderen warm. Dazwischen liegen viele Meere. Man kann nicht von Afrika einfach nach Norwegen sehen. Aus diesem Grunde bekommt sie nun auch nicht mehr mit, was ihr Bruder in der Schule so macht und welche Noten er hat!

Sie konzentriert sich auf ihre eigene Schule und auf sich selbst und steigt aus der Konkurrenz aus.

Mädchen, 12 Jahre (Verlust des Vaters, Tod durch Motorradunfall)
Der plötzliche Tod des Vaters war für das Mädchen nur schwer zu verkraften. Es entwickelte Angst vor Motorrädern und Autos. Da sie weitere verschiedene schwere »Baustellen« hatte, erfanden wir zu ihrem Trost und zur Angstreduktion das Land, in dem nur Pferde waren und nur geritten wurde.

Pferde überfahren niemanden und rennen einen auch nicht über den Haufen, denn es sind Fluchttiere. Sie sind lieb und stark und haben weiche Nüstern und Ohren. Sie stellte sich vor, dort mit ihrem Vater zu reiten.

Immer wieder suchten wir in der Therapie das Land der Pferde auf, in dem alles märchenhaft gut war. Insgesamt half ihr das bei der Verarbeitung aller Traumatisierungen.

Übung 11 Quatschbilder

Ängste und Phobien gehören meiner Erfahrung nach zu den am schwierigsten zu verarbeitenden Symptomen, zumal in den meisten Fällen Erwartungs- und Zukunftsängste eine große Rolle spielen. Zunächst sollten, wie bei allen Methoden, ursächliche Situationen, aus denen die Ängste entstanden sind, verarbeitet werden.

Sind noch Restängste oder Erwartungs-/Zukunftsängste vorhanden/zu bewältigen, können diese u. a. mit einem so genannten »Quatschbild« bearbeitet werden.

Ich bitte das Kind, den Angstgegenstand auf ein Blatt zu malen und diesen dann fantasievoll umzugestalten. Es soll ein witziges, befreiendes Bild entstehen. So wird beispielsweise aus einer Spinne mit langen haarigen Beinen die Perücke einer alten Dame.

Da ein Quatschbild der Verarbeitung dient, ist es hilfreich, vorher und nachher den SUD zu bestimmen.

Beide Fallbeispiele (▸ Abb. 3.3 und 3.4) zeigen massive Angst vor Spritzen. Die Kinder haben zunächst die Spritze gemalt und sich dann von ihrer Fantasie leiten lassen und weiter gemalt, sodass spontan die untenstehenden Bilder entstanden sind.

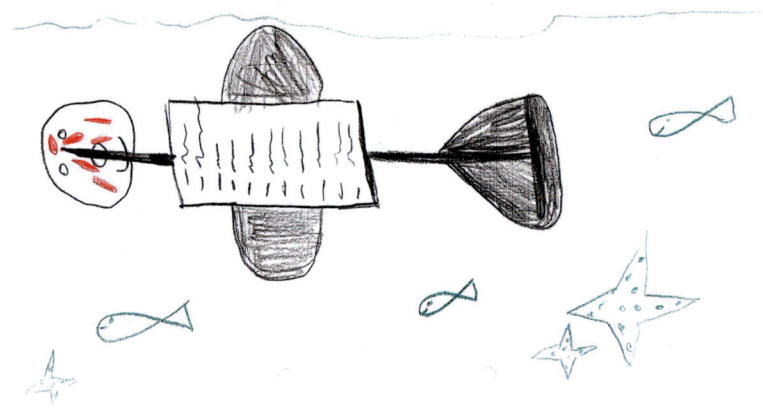

Abb. 3.3: Quatschbild Fisch

Abb. 3.4: Quatschbild Fantasietier

Übung 12 Quatschgeschichten

Quatschgeschichten sollen dabei helfen, Distanz zu einem belastenden Ereignis zu finden. Sie sollen bei der Verarbeitung unterstützen. Sie dienen mit Humor dem Aufbau von Selbstwert und Selbstwirksamkeit.

Äußere Situationen oder Menschen kann man in der Regel nicht einfach verändern. Aber wir können Kinder innerlich stärken, sodass sie belastende Situationen nicht mehr so dicht an sich heranlassen bzw. nicht mehr in ihrem Inneren aufnehmen und sich besser abgrenzen. Die Kinder und Jugendlichen denken sich die Geschichte weitestgehend selbst aus. Ich unterstütze dabei, wenn nötig.

Alles ist erlaubt. Die Geschichte sollte in jedem Falle aufgeschrieben werden. Es ist wichtig, eine passende, witzige Überschrift zu finden. Danach wird sie genüsslich vorgelesen, bei Bedarf mit EMDR-Methoden/Butterfly Hugs stabilisiert, gemalt und eventuell in Schönschrift oder auf dem Computer abgeschrieben. Da sie der Verarbeitung dient, ist es hilfreich vorher und nachher den SUD zu bestimmen.

Mädchen, 9 Jahre (Probleme mit einer Klassenkameradin)
C., ein neunjähriges Mädchen, wird vermehrt von einer Klassenkameradin, P., verbal und auch körperlich angegriffen (SUD 6).

Das Mädchen und die Bananenschale

Eines Tages stand ich im Flur unserer Schule, als ich von Weitem P. kommen sah. Ich wusste, dass sie gleich an mir vorbeigehen und mich wieder treten würde. Sie kam immer näher, aber plötzlich rutschte sie auf einer Bananenschale aus. Sie schlitterte über den ganzen Flur und zur Tür hinaus.

Sie wurde immer schneller und schneller und fing an zu fliegen. Sie flog einmal um die ganze Erde und dann zum Mond. Da sitzt sie jetzt und kommt nicht mehr zurück (SUD 0).

Mädchen, 14 Jahre (ständiger Streit der Eltern)

Die Eltern von R. streiten an fast jedem Abend. Die Bitten der Kinder, damit aufzuhören, waren bislang fruchtlos (SUD 8).

Taxi bitte

Meine Eltern streiten sich fast jeden Abend. Also machte ich mit meinen Geschwistern einen Plan. Wir gingen zu meinen Eltern und sagten, dass sie aufhören sollten, sich zu streiten, sonst würden wir Kinder so lange in ein Hotel gehen und ihr müsst das bezahlen, weil das nicht zum Aushalten ist. Die Eltern guckten nur komisch und stritten weiter. Also sagte ich: Wir haben schon reserviert, das ist eure letzte Chance. Aber die Eltern glaubten es nicht. Ich nahm mein Handy und rief ein Taxi. Wir nahmen unsere Taschen. Meine Eltern stritten immer weiter. Wir fuhren mit dem Taxi zum teuersten Hotel in der Stadt und mieteten die teuerste Suite. Wir machten den Fernseher an und hörten ganz laut Musik und sprangen auf den Betten rum und bestellten uns sehr teures Essen und Cola. Zwischendurch riefen wir immer wieder unsere Eltern an und sagten, dass es sehr teuer für sie wird. Aber sie stritten immer weiter. Da luden wir noch alle unsere Freunde ein. Am nächsten Tag kriegten unsere Eltern eine dicke, dicke Rechnung. Und da beschlossen sie, sich nie wieder zu streiten (SUD 1-2).

Junge, 18 Jahre (Probleme in der Ausbildung)

S. hat ungerechtfertigterweise eine Abmahnung von seinem Ausbildungschef bekommen. Er hat Angst vor einer weiteren Abmahnung und fürchtet sich jeden Tag davor (SUD 7).

Wegen Überfüllung geschlossen

An einem Morgen denkt der Chef: So, heute schreibe ich mal wieder eine Abmahnung für S. Mir ist gerade so danach. Er ruft seine Sekretärin und diktiert ihr die Abmahnung. Die Sekretärin schreibt die Abmahnung am Computer und will sie ausdrucken. Da fängt der Drucker an, verrückt zu spielen. Er druckt eine Abmahnung nach der anderen aus, immer mehr und immer schneller. Die Sekretärin ruft den Chef zu Hilfe. Er kommt angerannt, aber er kann nichts machen. Der Drucker druckt und druckt und lässt sich nicht bremsen. Das Papier wird in dem Zimmer immer mehr und mehr und hat bald den Chef und die Sekretärin begraben. Als das Zimmer ganz voll ist, kommt jemand und hängt ein Schild an die Tür: »Wegen Überfüllung geschlossen!« (SUD 0).

Übung 13 Reime und Gedichte

Über ein belastendes Ereignis ein kleines (humorvolles) Gedicht zu schreiben, kann helfen, Abstand zu finden und Sinn zu erkennen. Das Kind reimt allein oder mit unserer Hilfe. Reime müssen es natürlich nicht sein!

Junge, 11 Jahre (Stress mit Klassenkameraden)
Es war einmal ein Blödmann
Der hieß Jan
Der konnte nur doof schauen
Und andre Kinder hauen
Da wollte ich ihm was klauen
Ich nahm ihm sein Handy weg
Und warf es in den Dreck
Da bekam er einen großen Schreck
Und lief weg

Junge, 9 Jahre (Stress in der Schule)
Die Schule ist doof
Die Lehrer sind doof
Die laufen auf dem Hof
Die sehen gar nicht hin
Dass ich traurig bin

Aber ich hab einen Freund
Und einen Hund

Junge, 9 Jahre (Adoptivkind)
Ich bin auf der Welt
Darum bin ich ein Held
Ich habe gar kein Geld
Aber ich bin auf der Welt

Junge, 12 Jahre (Sexueller Missbrauch durch den Vater)
Alles war schwarz
Dann grau
Ich war dumm
Nun bin ich schlau
Ich hab eine Zukunft und kauf mir ein Haus
Für mich und meine Maus

Übung 14 Der Pullover Deines Lebens

Eine schöne, integrierende Übung, die ich ab Mitte oder zum Ende einer Therapie durchführe, ist »Der Pullover Deines Lebens«. Der Pullover hat ein spannendes, interessantes und bewegendes Muster: das Muster des Lebens dieses Kindes!

Ich male hierfür auf ein DIN-A4-Blatt den Umriss eines Pullovers vor und bitte das Kind, mit verschiedenen Farben, Muster in den Pullover ein zu malen, wie sich seine Lebensereignisse (positive und negative) »anfühlen«, wie es sie darstellen würde, wie sie vielleicht miteinander verwoben sind.

Manchmal ist es hilfreich (wenn der Pullover besonders schön werden soll), erst einen Entwurf zu machen. Den meisten Kindern ist es wichtig, dass der Pullover »richtig« ist und »stimmt«, dass alles drin ist, alle Farben, Muster richtig gemalt sind, alles auf dem richtigen Platz ist. Diese Arbeit sollte so lange dauern, bis der Pullover »stimmt«.

Das Gute für viele Kinder ist, dass die meisten Menschen lediglich einen schön gemalten Pullover sehen – nur sie allein wissen um seine besondere Bedeutung!

Jugendliche, 18 Jahre (Gewalt durch den Vater, viele Umzüge, Trennung der Eltern, Flucht nach Deutschland mit Mutter und Geschwistern, Mobbing in der Schule etc.)

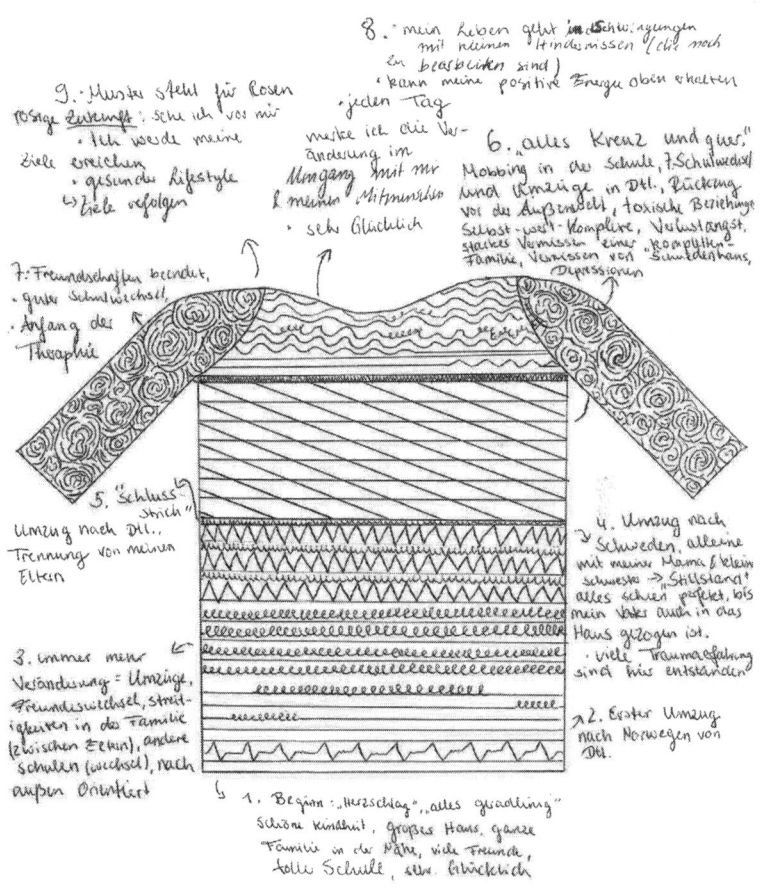

Abb. 3.5: Der Pullover Deines Lebens

Ein besonderer Platz wird frei gelassen für die Zukunft. Hier bieten sich die Ärmel an (Arme sind zum Handeln da!). Das Kind kann hier ressourcenhaft seine Vorstellung von seiner Zukunft ein malen. (Diese sollte natürlich positiv gefärbt sein. Ist sie noch negativ, sollten diese Themen zunächst weiterbearbeitet werden.) Ich helfe bei dem Pulloverbild nur insofern, dass ich den Prozess strukturierend begleite und darauf achte, ob alle Lebensthemen vorhanden sind.

Übung 15 Gerichtsverhandlung

Ist dem Kind oder Jugendlichen ein Unrecht passiert, egal, welches auch immer, sollten die »Täter« nicht straffrei davonkommen. In einer Gerichtsverhandlung (Rollenspiel) wird der Täter angeklagt und angemessen bestraft.

Diese Übung stellt meistens am Ende einer Therapie eine wichtige Einheit dar, die alles noch einmal »zusammenfügt«. Die Übung kann lang und ausführlich sein, muss sie aber nicht. Die Gerichtsverhandlung kann spontan durchgespielt oder intensiv vorbereitet werden.

Zunächst sollte geklärt werden, wer (Angeklagter, Staatsanwalt, Verteidiger, Richter und das betroffene Kind) alles an der Verhandlung teilnehmen soll und welche Aufgaben ein jeder hat. Alle Rollen sollten festgelegt und die Aussagen durchgesprochen werden. Hier ist es wichtig, zu klären, ob und in welcher Form das Kind teilnehmen möchte:

* Möchte es direkt dabei sein und als Betroffener/Zeuge aussagen?
* Soll jemand anderes das Kind vertreten?
* Möchte es als Zuschauer dabei sein oder nur aus der Ferne zuhören?
* Braucht es jemanden zur Unterstützung?

Das Kind hat als Zeuge oder Betroffener die Möglichkeit, deutlich auszusprechen oder aussprechen zu lassen, was geschehen ist und warum dieses schlimm und schädigend war. Sagt der Angeklagte aus oder verteidigt ihn sein Verteidiger, kann ordentlich übertrieben werden (der Angeklagte empfindet sich als armes Würstchen und der Verteidiger unterstützt ihn dabei).

Der Staatsanwalt ebenso wie der Richter lassen sich nicht beeinflussen, bleiben stark, standhaft und deutlich. Der Richter spricht eine absolut angemessene Strafe aus und weicht nicht ab. Diese sollte möglichst fantasievoll an die Tat angepasst sein. Insgesamt sollten alle Rollen stark überzogen werden. Je fantasievoller, desto heilender, meiner Erfahrung nach.

Bei dieser Übung wird meine Hilfe häufig gebraucht, denn Kinder haben oft Angst vor Übertreibung oder anderen Unrecht zu tun (zu harte Strafe etc.). Ist »das Eis aber erst mal gebrochen«, stellen sich durchaus stärkende Rachegefühle in Form fantasievoller Strafen ein. Alles kann so lange »geübt« werde, bis es perfekt ist.

Zögern Kinder, das Erlittene beim Namen zu nennen und Folgen zu beschreiben, kann dies ein Zeichen dafür sein, dass die Erfahrung noch nicht genügend verarbeitet wurde! Nun wird die Verhandlung durchgespielt, angeleitet von der Therapeutin. Es ist auch während des Spiels möglich, Pausen zu machen, die Arbeit zu überprüfen und notfalls zu korrigieren. Obwohl diese Übung aufwändig ist, lohnt sie sich auf jeden Fall!

Junge, 12 Jahre (Sexueller Missbrauch durch den Vater)

Staatsanwalt: Ich klage an wegen sexuellen Missbrauchs an Kindern, Zerstörung der Kindheit und Lügen!

Verteidiger: Der Vater hat es nicht so gemeint. Er wusste nicht, dass es schlimm war. Der Junge habe sich nicht gewehrt. Der Vater hat auch eine schlimme Kindheit gehabt. Der Vater hat freiwillig damit aufgehört. Der Vater ist Alkoholiker.

Angeklagter: Es tut mir leid (nicht spürbar, unehrlich). Es ist lange her. Ich will nun eine Therapie machen. Der Junge macht ja auch eine Therapie.

Junge: Du hast mein Leben zerstört! Ich hatte keine Kindheit. Ich war immer allein. Ich dachte, dass ich schlecht bin. Es war sehr schlimm für mich.

Richter/Strafe: Der Vater kann so viel Therapie machen, wie er wolle, da ist seine Sache. Ich glaube nicht an Besserung und dass es dem Vater leidtut. Der Vater wird bis an sein Lebensende eingesperrt und zu körperlicher Arbeit verurteilt. Das verdiente Geld soll an ein Tierheim gespendet werden. Der Vater darf davon nichts behalten und bekommt nur Wasser und Brot. Er darf nie wieder in die Nähe von Kindern kommen.

Jugendliche, 20 Jahre (studiert Medizin und wurde während einer mündlichen Prüfung vom Professor beleidigt, gedemütigt und ist durchgefallen)

Staatsanwalt: Ich klage an wegen Unmenschlichkeit, Inkompetenz, Gemeinheit, Garstigkeit, Machtgehabe, Frauenfeindlichkeit.

Der Verteidiger bagatellisiert das Verhalten des Angeklagten. Er meint, sie sei zu empfindlich und habe einiges falsch verstanden. Außerdem könne sie die Prüfung nachholen. Der Angeklagte habe eine traurige Kindheit gehabt, seine Frau habe sich getrennt und der Hund sei gestorben.

Angeklagter: Ich weiß nicht, was ich getan haben soll. Sie soll sich nicht so anstellen, ich kann auch noch viel härter sein.

Die Jugendliche beschreibt noch einmal detailliert die Prüfung und dass sie nun unter Prüfungsangst und Schlafstörungen usw. leide. Sie ist sehr wütend darüber.

Richter/Strafe: Der Angeklagte muss für fünf Jahre ins Gefängnis, sofort. Er wird von dort mit einer Direktleitung mit den Prüfungsräumen der Uni verbunden, in denen faire, positive Prüfungen stattfinden. Er muss dabei zusehen und soll darunter leiden, dass andere es besser machen als er.

Der Richter hat allerdings keine große Hoffnung auf Besserung.

3. Mädchen, 15 Jahre (wurde in Grundschule von Lehrerin angeschrien)

Staatsanwalt: Ich klage an wegen Grausamkeit, Gemeinheit, Ungerechtigkeit, herumschreien, Kinder nicht mögen, Unfähigkeit für den Beruf, Unverbesserlichkeit.

Verteidiger: Frau L. ist eine gute Lehrerin, sie gute Zeugnisse und ist schon lange im Beruf. Die meisten mögen sie. Es sind Zufälle gewesen. Das Mädchen ist faul und hat seine Hausaufgaben nie gemacht.

Angeklagte: Ich habe immer versucht, mit dem Mädchen zu reden, aber das habe nicht geholfen. Ich kann dafür, wenn sie ihre Hausaufgaben nicht macht oder schlechte Noten schreibt. Der Beruf ist sehr anstrengend und die Klasse sehr laut gewesen.

Das Mädchen lässt sich vor Gericht von ihrer damals besten Freundin bestätigen, was Frau L. alles gemacht hat. Ihre Eltern hätten Gespräche geführt, aber das hätte nichts genutzt. Letztendlich habe sie wegen Frau L. die Schule gewechselt.

Richter/Strafe: Frau L. bekommt eine lange Haftstrafe und muss ein Buch darüberschreiben, wie man anständig mit Kindern umgeht. Die Schüler sollen anschließend entscheiden, ob sie sich gebessert habe.

Übung 16 Der Brief des Zeugen

Diese Übung wird meistens gegen Ende der Therapie eingesetzt. In belasteten/traumatischen Situationen fühlen sich die allermeisten allein, ausgeliefert, schutzlos, einsam.

Wir alle brauchen das Gefühl, wenn wir Schlimmes erlebt haben, nicht allein gewesen zu sein, auch, wenn es gefühlsmäßig und/oder objektiv so gewesen ist. Viele trauen ihrer eigenen Wahrnehmung, ihren eigenen Erinnerungen nicht, vor allem, wenn Geschehnisse geheim gehalten werden mussten und auch hinterher niemand geholfen oder den Berichten geglaubt hat.

Diese Übung hilft auch, wenn aktuell Gefühle von Schmerz, Trauer, Einsamkeit da sind. Einen »Zeugen« in der Therapie einzurichten, bedeutet Trost, stärkt die eigene Wahrnehmung und den Glauben an Geschehenes. Es geht hier immer um die Wahrheit des Kindes!

Der Zeuge sagt:
»Du warst nicht allein! Ich konnte nichts machen, um Dir zu helfen, aber
Ich kenne die Wahrheit, ich sage die Wahrheit.
Ich sage sie Dir.
Ich kenne Dein Leben.
Du warst nicht alleine.
Du bist nicht alleine.«

Der Zeuge schreibt einen Brief an das Kind.
Es gibt drei Möglichkeiten, den »Brief des Zeugen« zu schreiben:

* Das Kind schreibt allein.
* Wir schreiben zusammen (ich ergänze mit meinen Ideen).
* Ich schreibe den Brief für das Kind.

Der Brief sollte immer mit einem positiven Satz für die Zukunft enden, z. B.: »Was immer Dir passiert, Du bist nicht allein!« und schön gestaltet sein. Es ist für das Kind heilsam, den Brief immer mal wieder zu lesen!

Junge, 12 Jahre (sexueller Missbrauch durch den Vater)

Der Brief wurde, nach einem Gespräch mit der entsprechenden Anleitung, von ihm selbst geschrieben. Ich habe ihn für ihn auf seinen Wunsch hin abgeschrieben und er hat ihn schön mit Symbolen gestaltet:

»Lieber J.!
Ich weiß, was Du alles durch gemacht hast.
Ich weiß, dass Du ein ganz toller Junge bist.
Ich habe gesehen, was Dein Vater mit Dir gemacht hat.
Ich habe Dich aus der Ferne beschützt. Es tut mir sehr leid.
Du bist ein toller Junge. Du warst sehr mutig. Als kleiner Junge warst Du sehr allein.
Ich bin Dein Zeuge.
Du warst immer ein liebes Kind.
Papa hat Dir weh getan und ich weiß, dass Du es nicht wolltest, was Papa gemacht hat.
Ich bringe Dir Glück, weil Du nicht allein bist.«

Junge, 10 Jahre (Geschwisterkonflikte)

Der Brief wurde von mir geschrieben:

»Lieber M.!

Ich weiß, dass Dein Bruder Theo Dich immer ärgert.
Ich weiß, dass die Eltern immer sagen, dass Du Schuld hast.
Ich sage Dir, dass ich weiß, dass Theo Dich immer zuerst ärgert.
Das habe ich immer wieder gesehen.
Ich weiß, dass es sehr blöd ist für Dich.
Ich weiß, dass Frau Reich Dir das glaubt.
Frau Reich und ich sind auf Deiner Seite.«

Männlicher Jugendlicher, 18 Jahre (Pflegekind und adoptiert)

Der Brief wurde gemeinsam erarbeitet:

Lieber R.!
Ich schreibe Dir jetzt diesen Brief, weil ich möchte, dass Du würdigst, was Du schon alles Schwieriges erlebt hast und nicht will, dass Du vergisst, was Du schon alles Schlimmes erlebt hast.
Ich bin Dein Zeuge.
Stell Dir vor, dass ich von Anfang an dabei war.
So war es.
Ich habe alles gesehen!
Ich habe gesehen,
wie Dein Vater Deine Mutter in der Schwangerschaft geschlagen hat,
wie Deine Mutter die Drogen genommen hat und es Dir im Bauch deswegen so schlecht ging,
wie Du gleich nach Deiner Geburt von Deiner Mutter weggenommen wurdest,
wie Du bei Deinen ersten Pflegeeltern warst,
wie Du bei Deinen zweiten Pflegeeltern warst,
wie Du bei Deinen dritten Pflegeeltern warst und danach noch im Heim,
wie Du immer dachtest, irgendwas ist nicht richtig,
wie Du adoptiert wurdest,
wie Du im Kindergarten allein gespielt hast und nicht geredet hast,

wie Du traurig warst, dass Deine richtige Mutter nicht zu Deiner Einschulung gekommen ist und alle anderen hatten richtige Eltern,

wie Du immer außerhalb standest, auch wenn Du immer dabei warst,

wie Du immer Ärger bekommen hast, auch wenn Du nichts gemacht hast,

wie Deine Eltern noch ein Kind adoptiert haben, ein Mädchen,

wie Du überlegt hast, wie Du Dich umbringen kannst, ob Du vom Hausdach springst, ob das reicht, um tot zu sein,

wie sie Dein Meerschweinchen ohne Dich begraben haben, ohne Dir etwas zu sagen,

wie Dein Adoptivvater Dich drei Tage lang in Deinem Zimmer eingesperrt hat, weil Du etwas geklaut hast,

wie Deine Eltern Deine Schwester vorgezogen haben und andere auch,

dass Dich keiner verstanden hat,

dass Du immer allein den Ärger bekommen hast und keiner Dir geglaubt hat, z. B. als Deine Freunde den Wein bei Deinen Eltern geklaut haben und nicht Du.

Ich weiß, dass Du es nicht warst!

Aber ich weiß, dass Du ein guter Mensch bist und ein gutes Leben vor Dir hast.

Ich glaube an Dich!

3.3 Übungen zur Ressourceninstallation

Übung 17 Die innere Farbe

Übungen, die das Installieren innerer positiver Farbe/Kraft beinhalten, gibt es einige. Ich möchte hier trotzdem noch eine hinzufügen. In diesem Fall leite ich das Kind folgendermaßen an:

Anleitung

»Stell Dir vor, Du bist innen mit einer wunderschönen Farbe ausgefüllt.

Welche Farbe ist das bei Dir?

Schau noch mal, ob sie Dich ganz ausfüllt, vom Kopf oben, in die Arme, Fingerspitzen, bis in die Zehen.

Du bist ganz mit Deiner schönen Farbe ausgefüllt.

Du nimmst sie nun mit und hast sie immer bei Dir.

Wenn Du gleich aus der Praxis gehst, nimmst Du sie mit.

Wenn Du die Straße entlang gehst, fühlst Du die Farbe in Dir.

Stell Dir das jetzt einmal so vor und fühle das mal.

Nun stell Dir vor, dass Dir, wenn Du mit der guten Farbe ange-füllt bist, nichts mehr passieren kann.

Das eine Besondere an der Farbe ist, dass sie die guten, schönen Sachen in Dich hineinlässt, dass sie automatisch in Dich kom-men und sie durch die Farbe noch stärker werden.

Das andere Besondere ist, dass nun nichts Böses mehr in Dich hineinkommen kann, denn da ist kein Platz mehr, weil ja nun die schöne gute Farbe, Dein .... [Farbe benennen] in Dir ist, die Dich beschützt.

Stell Dir einmal vor, dass da ein Böser mit Pfeil und Bogen kommt und auf Dich schießt. Der Pfeil trifft auf Deinen Arm und prallt sofort wieder ab, weil ja Deine gute Farbe Dich ganz ausfüllt und der Pfeil deswegen keinen Platz hat und Dich nicht piksen kann. Ist das nicht toll?

Deine wichtige Aufgabe ist es nun, so oft wie möglich die Farbe in Dir »anzumachen, anzuknipsen, zu aktivieren«, damit sie im-mer dableibt und immer stärker wird.

Das muss man üben!

Du sollst Dir vorstellen, dass Du die Farbe anknipsen kannst wie einen Lichtschalter:

Knips – Schon ist die Farbe wieder da und noch ein bisschen stärker als vorher!

Das kannst Du so oft machen, wie Du möchtest, auch mehrmals am Tag. Je öfter, desto besser.
Gut ist es zum Beispiel, immer abends im Bett vor dem Einschlafen die Farbe anzuknipsen. Manche können dadurch besser einschlafen.
Es ist auch gut und hilfreich, die Farbe in folgenden Situationen anzuknipsen und ganz intensiv zu spüren, weil sie Dich dann komplett ausfüllt, zum Beispiel:
nach einem Streit
vor einem Zahnarztbesuch und/oder währenddessen
vor Klassenarbeiten oder Vorträgen
vor allen schweren Aufgaben
nach einem Schrecken
wenn Du Dich unwohl fühlst oder traurig oder allein
Das hilft Dir, eine Verbindung zu Dir zu haben.«

Diese Übung führe ich an fast jedem Stundenende mit den Kindern durch. Meine Erfahrung damit zeigt, dass sie Kinder insgesamt stabilisiert, unangreifbarer macht, sie sich selbst mehr spüren, ihre eigenen Gefühle mehr wahrnehmen, eine bessere Verbindung zu sich herstellen, Schuld- und Schamgefühle reduziert werden und das Selbstwertgefühl gestärkt wird.

Notwendig hierfür ist aber eine regelmäßige Anwendung. Das große Ziel der inneren Farbe ist mit Sicherheit eine permanente innere Anwesenheit.

Jugendlicher, 20 Jahre (eigener Bericht)

»Im Rahmen meiner Trauma-Therapie bin ich das erste Mal mit dem Verfahren der inneren Farbe vertraut geworden.
In Momenten von Unsicherheit, Angst und Bedrückung sowie wenn meine Gefühle flackern und ich mich dadurch überwältigt fühle, denke ich an meine innere Farbe, Rosa, und lasse mich davon ausfüllen.

Dies grenzt mich von spannungsvollen Gefühlen in meiner Umwelt ab und richtet meinen Blick auf mich selbst, mein Inneres und meine Stärken. Es hilft mir dabei, einen »klaren Gedanken« zu fassen, da meine Farbe mich meinen Körper klar spüren lässt und wie eine leere Leinwand Klarheit und Ruhe in mich bringt.

Ich habe mir angewöhnt, bereits vor dem Aufstehen sowie vor dem Einschlafen das Gefühl der Farbe in mir hervorzurufen und versuche es dann, mit mir in meinen Alltag/Schlaf zu tragen.

Meine innere Farbe lässt mich auf mein Inneres und meine Stärken vertrauen. Ich ziehe die Kraft zur Bearbeitung meiner Herausforderungen somit aus mir selbst und weiß, dass mir das niemand nehmen kann.«

Mädchen, 10 Jahre (Angst vor Hunden)

Aufgrund eines Hundebisses hat A. massive Ängste (nicht nur) vor Hunden und vermeidet immer mehr Situationen, die ihr schwierig und bedrohlich erscheinen. Auch die Mutter hat diverse Ängste, die sie selbst gerne loswerden möchte.

Gemeinsam haben sie deswegen beschlossen, die »Farbübung« mindestens zwei Mal am Tag anzuwenden (morgens und abends) und sich danach Begegnungen mit Hunden vorzustellen. Auch vorbereitend, bevor sie das Haus verlassen oder, wenn die Möglichkeit da ist, direkt vor einer echten Begegnung mit einem Hund und experimentell vor dem Besuch in einem Tierheim.

Beide beschreiben die Übung als hilfreich (für das Selbstwertgefühl grundsätzlich) und für den Abbau der Angst. Die Übung helfe, nach der Verarbeitung des Hundebisses, am deutlichsten. Sie habe dazu geführt, dass sie die Oma überreden wollen, sich einen Hund anzuschaffen, den sie dann mit versorgen wollen.

Jugendliche, 18 Jahre (eigener Bericht)

»Mit meiner inneren Farbe habe ich gelernt, bei dem Visualisieren dieser, mich zu kräftigen, zu erden und darauf zu fokussieren, wer ich wirklich bin. Von Anfang an habe ich mir morgens und abends die Farbe beim Schließen meiner Augen vorgestellt. Inzwischen trage ich die Farbe in mir und bin damit sehr glücklich. Neben meinem Arbeitsplatz habe ich ein selbst gemaltes Bild mit meiner Farbe aufgehängt. Das gibt mir sehr viel Kraft.«

Übung 18 Der Fluss

Die »Geschichte vom Fluss« lese ich sehr oft schon am Anfang einer Therapie vor. Die meisten Kinder verbinden damit oft intuitiv ihren eigenen »Fluss«, ihr inneres Gefühl, wie sie im Leben stehen und sich selbst empfinden.

Nachdem ich die Geschichte vorgelesen habe, lasse ich das Kind in einem, von mir vorgezeichneten Flussbett einzeichnen, wie stark, wie voll ihr Fluss zurzeit ist. Anschließend sollen sie malen, wie viel Geröll oder Müll noch unten im Wasser liegt und um was es sich dabei handelt (»Wer wirft etwas in den Fluss? Was ist das? Wie sieht es innen aus im Fluss, was liegt darin herum?«).

Ich lasse sie danach einzeichnen, wie voll sie sich ihren Fluss wünschen und alle wünschen sich einen vollen, starken Fluss. Entweder lasse ich das Kind noch in der Stunde ein schönes Flussbild daraus gestalten oder ich gebe es als Aufgabe mit und wir schauen es in der nächsten Stunde an.

Das Gespräch mit dem Kind dreht sich in der Hauptsache um die Themen:

* Was stärkt Deinen Fluss?
* Was schwächt ihn?
* Wie wird er wieder stark und voll?

Zur Stärkung des Flusses bringe ich auch noch einmal die Wichtigkeit der Verarbeitung belastender Themen ein: Geröll oder Müll sollten entfernt werden; meiner Meinung nach eine Voraussetzung dafür, dass der Fluss insgesamt wieder voll und stark wird!

Ich erkläre auch, dass es wichtig ist, zu lernen, den eigenen Fluss immer gut im Blick zu haben:

* Wie voll und stark ist er heute?
* Was muss ich jetzt tun, um ihn wieder aufzufüllen?
* Auf was sollte ich vielleicht gerade verzichten?
* Wenn ich das jetzt mache – Stärkt es meinen Fluss oder schwächt es ihn?

Es ist eine lohnenswerte Frage am Anfang jeder Therapiestunde:

* Wie geht es Deinem Fluss?

Geschichte vom Fluss
Angelehnt an Georg Weidinger, Die Heilung der Mitte, 2011.

Stell Dir vor, Du bist ein Fluss und fließt durch ein großes Flussbett.
Aber im Moment bist Du vielleicht nur ein ganz kleiner Fluss, eigentlich gar kein Fluss mehr, sondern nur noch ein ganz, ganz kleiner Bach in einem riesigen Flussbett.

Und manchmal ist es so, dass ein frecher Junge kommt und einen Kieselstein in Deinen kleinen Bach wirft. Und weil Du so ein kleiner Bach bist, genügt dieser kleine Kieselstein, um Deinen kleinen Bach zu blockieren. Dann geht nichts mehr.

Das Wasser bleibt einfach stehen.
Aber der kleine Bach muss wieder voll werden, ein großer und starker Fluss, oder?
Was also kann man tun, damit der Fluss wieder groß und stark und lebendig wird?
Man kann nicht ständig die frechen Jungs vertreiben, damit sie keine Kieselsteine mehr werfen.

Man muss den Fluss auffüllen!

Wenn der Fluss schön voll ist, dann machen ihm die Kieselsteine überhaupt nichts!

Sogar große Steinbrocken werden ihm nichts anhaben können...

Wenn der Fluss so richtig voll ist, kann Dich nichts so leicht aus der Ruhe bringen.

Du bist dann voll und stark wie der Fluss.

Du wirst Stress und Belastungen viel besser aushalten.

Und wenn doch jemand Kieselsteine wirft, macht es Dir nichts mehr aus!

Die Frage ist: Wie bekommt man den Fluss wieder groß und stark und voll? (Unter Anderem, indem man die belastenden Erfahrungen verarbeitet, sodass Platz ist für Ressourcen und Entwicklung – Das erkläre ich an dieser Stelle oftmals erneut.)

Übung 19 Köfferchen packen

Viele von uns kennen von früher noch das Spiel »Ich packe meinen Koffer«. Bei diesem Gedächtnis- und Konzentrationsspiel werden beliebige Gegenstände in einen imaginären Koffer gelegt, wobei jeder, der etwas Neues hineinlegt, zunächst sämtliche vorhergehende Gegenstände aufzählen muss, bis eine lange Kette von Gegenständen entstanden ist.

Bei dieser Variante hier geht es um gute Wünsche etc. ausschließlich für das Kind. Gute Wünsche für den Tag, die kommende Woche, eine zu bewältigende Herausforderung. Immer abwechselnd wird also ein Wunsch benannt, der in das Köfferchen gelegt wird:

Kind: »Ich lege in mein Köfferchen, dass ich eine gute Note in Mathe schreibe nächste Woche!«

Therapeutin: »Ich lege in Dein Köfferchen, dass Du eine gute Note in Mathe schreibst nächste Woche ... und dass Du heute einen schönen Nachmittag mit Deiner Freundin hast!«

Es werden ausschließlich Wünsche für das Kind gesammelt. Wichtig ist, dass alle Wünsche ausschließlich positiv formuliert werden. Diese Übung wende ich meistens am Ende einer Stunde an, als letzte von ein bis zwei anderen Ressourcen. Durch das permanente Wiederholen der Wünsche entsteht Spaß, gute Laune und Hoffnung. Die Wünsche müssen nicht unbedingt Sinn machen – sie sollen sich gut anfühlen. Wenn ich das positive Gefühl verstärken möchte, zähle ich in langsamer Form alle Wünsche noch einmal auf, die dann mit Butterfly Hugs verstärkt werden.

Mädchen, 9 Jahre (Trennung der Eltern, Angst vorm Reiten)

Therapeutin: »Ich packe in Dein Köfferchen, dass ... Dir nächste Woche das Reiten ganz viel Spaß macht.

Kind: Ich packe in mein Köfferchen, dass mir das Reiten Spaß macht und ... einen Papa.

Therapeutin: Ich packe in Dein Köfferchen, dass ... Dir nächste Woche das Reiten ganz viel Spaß macht und einen Papa und ... dass Du schöne Geburtstagsgeschenke bekommst.

Kind: Ich packe in mein Köfferchen, dass mir das Reiten Spaß macht und einen Papa und dass ich schöne Geburtstagsgeschenke bekomme ... und Schokolade.

Therapeutin: Ich packe in Dein Köfferchen, dass Dir nächste Woche das Reiten ganz viel Spaß macht und einen Papa und dass Du schöne Geburtstagsgeschenke bekommst und Schokolade... und dass Deine Lehrerin die ganze Woche über nett ist zu Dir und Dich nur lobt.

... und so weiter ...

Variante 1
Das Spiel kann auch dazu genutzt werden, eine bestimmte belastende Thematik zu erleichtern und mit Humor und Fantasie in eine positive Richtung zu lenken.

Auch hier werden wieder abwechselnd hilfreiche Dinge genannt und in der bekannten Weise wiederholt.

Mädchen, 10 Jahre (Angst, allein zuhause zu bleiben)

Therapeutin: Wenn Mama und Papa mal wieder gemütlich einkaufen gehen möchten und M. keine Lust hat, mitzugehen, was macht sie dann?

Kind: Fernsehen.

Therapeutin: Fernsehen und ... Kekse essen.

Kind: Fernsehen und Kekse essen und...Cola trinken.

Therapeutin: Fernsehen und Kekse essen und Cola trinken und ... eine Freundin einladen.

Mit Tierfiguren spielen – Pony einladen – mit dem Pony durch die Wohnung galoppieren – einen Film davon drehen – Film im Kino anschauen – Mama und Papa dazu einladen – Popcorn essen – nach Hause gehen und sagen: Ihr könnt öfter weggehen, das war ein schöner Nachmittag!

Variante 2
Eine kurze Variante von »Köfferchen packen« stellt die Übung »Versorgung« dar.

Übung 20 Versorgung

Diese Übung wende ich oft am Ende einer Stunde an, einfach so oder wenn für »Köfferchen packen« nicht mehr genügend Zeit da ist.

Es gibt bei uns ein sehr schönes Café mit dem wundervollen Namen: »Die Versorgung«. Dieses Café mit diesem Namen hat mich zu der folgenden Übung geführt:

Hier werden von Kind und Therapeutin abwechselnd lauter schöne, auch genussvolle Dinge aufgezählt, die für das Kind gut sind und positive Gefühle erzeugen: In der »Versorgung« gibt es alles, was Du brauchst und was das Herz begehrt: Eis, Kuchen, einen besten Freund, ein schöner Spaziergang, eine Eins in Mathe, schwimmen, eine Blumenwiese, ein spannendes Buch, Schokolade, heute Nacht schön schlafen.

Übung 21 Versöhnung

Ich bin sicher, dass es für einen Heilungsprozess nicht notwendig ist, anderen (Tätern) zu verzeihen (zumal diese ja voraussetzenderweise um Verzeihung bitten müssten).

Notwendig ist es aber, sich selbst zu verzeihen: Wenn man tatsächlich eine Schuld (egal, welcher Größe) auf sich geladen hat oder unter Schuldgefühlen leidet oder irgendwie meint, persönlich versagt zu haben. Der wichtigste Schritt: Die zugrunde liegenden Erfahrungen sollten zunächst verarbeitet werden.

Ebenso erfolgt ein aufklärendes Gespräch über Schuld sowie eine Einordnung (tatsächliche Schuld oder Schuldgefühl?) und die Bedeutung des Verzeihens und Versöhnens. Sich selbst verzeihen oder sich mit sich zu versöhnen bedeutet, Frieden mit sich selbst zu schließen und sich selbst in Ruhe zu lassen. Es ist auch eine große Frage der Entscheidung: Werde und will ich mich in den nächsten Jahren weiterhin traktieren oder verzeihe ich mir und lasse los?

Hat ein Kind tatsächlich Schuld auf sich geladen, ist es hilfreich, eine Möglichkeit der Wiedergutmachung zu finden. Diese kann real oder imaginär stattfinden. Bei Schuldgefühlen kann es helfen, einen »Guten/Weisen« einzusetzen, der sagt, dass man selbst und alles in Ordnung ist. Dass es nur ein Gefühl ist und alles vorbei ist. Dass die Welt sich weiterdreht, so, wie die Wolken weiterziehen.

Zum Schluss kann man in einer Art Urkunde festhalten, dass man keine Schuld (mehr) hat und in Ordnung ist: »Ich bin okay. Ich habe keine Schuld.«

Oder es wird ein entsprechendes Symbol, wie ein kleiner Stein für die Hosentasche, gesucht. Das dient, die oben genannten »Entscheidung« zu festigen. Es empfiehlt sich auch hier, dieses mit EMDR zu stabilisieren.

Hilfreich kann an dieser Stelle auch sein, die Übungen Abschneiden, Durchtrennen, die Münzenmethode, Auf der grünen Wiese, Der Weise einzusetzen. Am Ende soll ein versöhnendes, friedvolles Gefühl stehen, welches wiederum mit EMDR stabilisiert werden sollte.

Junge, 12 Jahre (Sexueller Missbrauch durch den Vater)

Er hat massive Schuldgefühle/kann sich nicht verzeihen, dass er sich nicht gegen seinen Vater gewehrt hat oder weggelaufen ist. Zunächst findet eine eindrucksvolle Diskussion statt, warum (kleine) Kinder sich nicht gegen Erwachsenen wehren können.

Die »Restschuld« wird mit der Münzenmethode verarbeitet.

Der »Weise« sagt zu ihm, dass er ein kleiner Junge war und nicht weglaufen konnte. Kein Kind kann das!

Anschließend haben wir ein Kärtchen von Größe einer Visitenkarte geschrieben, die er zusammen mit einem Edelstein in seiner Hosentasche tragen kann:

* Ich habe keine Schuld!
* Ich war klein!
* Ich bin okay!

Immer, wenn er es braucht, auch, um sich zu trösten, liest es das Kärtchen und fühlt den Stein.

Mädchen, 12 Jahre (Tod eines Tieres)

Ihre Kaninchen mussten nach einer Krankheit eingeschläfert werden. Sie hatte extreme Schuldgefühle, weil sie sich vorher nicht genug um die Tiere gekümmert hatte und die Krankheit teilweise hierauf zurückzuführen war (tatsächliche Schuld).

Wir besprachen ausführlich, was dazu geführt hatte (selbst erlebte Vernachlässigung) und verarbeiteten diese Belastungen entsprechend. Sie übernahm die Verantwortung und entschuldigte sich imaginär bei den Tieren und suchte einen »Guten Ort« (▶ Kap. 3.2, Übung 7: Der Tod ist nicht das Ende).

Außerdem beschloss sie, erst wieder Tiere zu haben, wenn sie entsprechend gereift sei, um die volle Verantwortung übernehmen zu können, d. h., frühestens nach der Aufarbeitung ihrer gesamten Lebensgeschichte.

Der Prozess der Versöhnung war nicht einfach und gelang zunächst nur teilweise (Urkunde, Einsetzen eines Weisen, »Durchtrennen«, »Münzenmethode«). Erst nach weiterer Verarbeitung der Lebensgeschichte lösten sich die Schuldgefühle komplett auf.

Junge, 14 Jahre (hat einem Freund in Not nicht geholfen)

Er hat selbst Mobbing/körperliche Angriffe durch andere erlebt. Als sein bester Freund davon betroffen war, hat er versucht, ihm zu helfen, seiner Meinung nach aber nicht genug getan. Er hätte die anderen »komplett wegschlagen müssen!«

Wir klärten zunächst die Schuldfrage und kamen zu dem Ergebnis, dass er keine tatsächliche Schuld auf sich geladen, habe, wohl aber unter Schuldgefühlen leide. Im Gespräch klärten wir, warum es in der Realität unmöglich war, die anderen wegzuschlagen. Sein Freund hat ihm bereits verziehen.

Wir schrieben eine Urkunde mit folgendem Inhalt:

»Ich verzeihe mir, dass ich Ben nicht helfen konnte! Ben hat mir verziehen! Wir sind immer noch beste Freunde!«

Um ganz sicher zu gehen, hat er seinen Freund noch auf einen Burger eingeladen.

Übung 22 Die große Frage nach dem Sinn

Ist etwas Schlimmes im Leben geschehen, kommt die Frage: Warum? Warum ist mir das passiert? Das ist sehr häufig mit Schuld- und Schamgefühlen behaftet. Es ist darum sehr wichtig, sich mit der Sinnfrage zu beschäftigen.

Hier gilt es, tatsächliche Verantwortung festzustellen und einen Sinn zu finden, der zukunfts- und hoffnungstragend ist und von Einsamkeit befreit. Die Frage nach dem Sinn kann immer wieder zu verschiedenen Zeitpunkten auftauchen und wird immer wieder neu, d. h., immer wieder mit anderen Schwerpunkten besprochen. Es geht hierbei auch sehr um Trost, Anerkennung und Würdigung von Seiten der TherapeutIn!

Folgende Themen und Botschaften erscheinen mir hierbei wichtig (wobei die Reihenfolge keine Rolle spielt) und können mit Symbolen aller Art gestärkt werden:

- Was ist geschehen?
- Was lernst Du daraus?
- Wie siehst Du Dich jetzt?
- Welche Stärken hattest Du schon immer, um das zu überleben?
- Wer hat Dir geholfen?
- Gibt es eine Verbindung zu etwas Höherem, Tragendem (Gott etc.)?
- Was möchtest Du für ein Mensch sein und wie kann dir diese Erfahrung jetzt schon dabei nutzen?

Ich erkläre:

»Aus Verletzungen und Wunden kann eine Weisheit entstehen. Eine Weisheit, die uns befähigt, anderen zu helfen. Es kann Dir helfen, Verwundungen bei anderen zu spüren, ohne dass sie etwas dazu sagen müssen. Es ist eine Art der Verbindung, die Euch zu Verbündeten macht.

81

Sie zeigt sich oft in einer kleinen Geste der Wärme und des Verstehens, des Erkennens. Denn die Welt braucht Menschen wie Dich, die Hoffnung, Freundlichkeit, wahre menschliche Begegnung teilen, Vorbild sind in diesem Sinne, indem sie es machen, leben.

Man kann das Wissen, etwas Besonderes erlebt zu haben, damit zu leben, ganz für sich allein behalten wie einen großen inneren Schatz. Andere müssen davon nicht wissen. Es reicht, wenn Du Dein Leuchten spürst. Es zeigt sich in Deinem Handeln, in Deinem Wesen.

Wer durch die Tiefe der Verarbeitung seiner Lebensgeschichte gegangen ist, weiß das!
Du weißt, was Angst, Trauer, Einsamkeit, Verzweiflung sind.
Du weißt, was Glück, Erfüllung, Frieden, Ruhe, Weisheit, Akzeptanz, Echtheit, Wahrheit sind.
Es zeichnet Dich aus.
Fühl den Stolz, es bis hier her geschafft zu haben!
Fühl, dass Du ein guter Mensch bist!
Es ist wie bei manchen Edelsteinen: außen normal und unscheinbar, aber innen von großer Schönheit. Und nur manche erkennen von außen, was innen ist.
Deine Wahrheit ist Deine Wahrheit!
Es war Dein Leben und es ist Dein Leben!
Mach etwas daraus und lass das Gute geschehen!
Du durchbrichst damit den Kreislauf der Gewalt, des Unguten.
Das, was Dir geschehen ist, wirst Du nicht an andere weitergeben!
Vielleicht möchtest Du einmal Kinder haben. Stell Dir vor, Du würdest es ganz anders mit ihnen machen!
Du kannst jetzt schon anders mit anderen Menschen, Deinen Mitmenschen, umgehen.
Wenn Du jetzt gleich aus dieser Tür gehst, kannst Du es anders machen.

Das ist mein großer Wunsch an Euch Kinder und Jugendliche!
Damit Du am Ende sagen kannst:
Schaut her, ich habe gelebt...«

All das kann mit Symbolen aller Art gestärkt werden!

Übung 23 Der Weise

Am Ende (oder in) der Therapiestunde kann man das Kind fragen:
»Wenn ein Weiser Dir einen Rat, einen guten Wunsch oder einen guten Satz mitgeben würde, was würde er dir jetzt sagen?«
Antworten von Kindern und Jugendlichen aller Altersstufen:

- Dass ich auf mich aufpassen soll
- Dass ich keine Schuld habe
- Dass ich an mich glauben soll
- Dass Mama mich liebhat
- Dass Sie morgen an mich denken
- Dass ich gleich einen Donut essen soll zur Belohnung
- Dass mit meiner Freundin und mir alles gut wird und wir uns wieder vertragen
- Dass ich es schaffen werde
- Dass ein Licht am Horizont ist
- Dass er mir ein Pferd schenken würde
- Dass alles gut wird und ich dabei bin
- Dass mein Herz wieder ganz ist

Findet ein Kind keinen Wunsch, Rat, guten Satz, übernehme ich die Aufgabe:

»Ich glaube, er würde sagen ...«